HER ZAMAN İSTEDİĞİNİZ HAYATI ELDE EDİN

İÇİMİZDEKİ GÜÇ

Çeviri

Meral AÇAR

ISBN 978-605-384-180-7 **SERTİFİKA NO** 16238
2. BASKI MART 2010

HER ZAMAN İSTEDİĞİNİZ
HAYATI ELDE EDİN

YAZAR GLADEANNA MACMAHON
ÇEVİRİ MERAL AÇAR
YAYIN YÖNETMENİ ENDER HALUK DERİNCE
GÖRSEL YÖNETMEN FARUK DERİNCE
YAYIN KOORDİNATÖRÜ ALEV AKSAKAL
BASIN ve HALKLA İLİŞKİLER AKİF BAYRAK
MÜŞTERİ TEMSİLCİSİ RAMAZAN YORULMAZ
BASKI MELİSA MATBAACILIK
Çifte Havuzlar Yolu
Acar Sitesi No: 4
Davutpaşa/İSTANBUL

İNTERNET ALIŞVERİŞ
www.dr.com.tr • www.ideefixe.com • www.kitapyurdu.com • www.hepsiburada.com

yakamoz yayınları

Gürsel Mah. Alaybey Sk. No: 7/1 Kağıthane/İSTANBUL
Tel: 0212 222 72 25 Faks: 0212 222 72 35
E-posta: info@yakamoz.com.tr

HER ZAMAN İSTEDİĞİNİZ HAYATI ELDE EDİN

İÇİMİZDEKİ GÜÇ

Gladeana McMahon

Faaliyetleri çok ve çeşitli olan Gladeana McMahon başarılı bir yaşam ve iş koçudur. GMTV'nin Web sitesinin yaşam koçudur. Radyo ve televizyonda düzenli olarak yayın yapmaktadır. Ayrıca Kanal 4'ün Espresso programında yerleşik psikoterapisttir ve Yes! Dergisinin dert ortağıdır. Aynı zamanda Kanal 4'ün Big Brother programına danışmanlık yapmaktadır ve son zamanlarda Kanal 4'ün Model Behaviour programında yaşam koçu ve danışman olarak görev almaktadır. Gladeana BACP Kayıtlı Kıdemli Pratisyeni ve onaylı danışmanı, UKCP ve UKRC'nin tescil ettiği BABCP onaylı bir Bilişsel-Davranışsal Psikoterapisttir. Gladeana, Bilişsel-Davranışsal Terapi, Kriz Danışmanlığı ve Yönetim İncelemeleri diplomalarına sahiptir.

Üretken bir yazar olan Gladeana sonuncusu Coping with Life's Traumas olan 16 yayın için yazar, ortak-yazar, editör olarak çalıştı ya da katkı sağladı. East London Üniversitesinde Yüksek Lisans ve Doktora programlarında yarı zamanlı kıdemli okutman olarak çalışmaktadır. Ayrıca Danışmanlık ve Psikoterapi Dergisinde üye editör olarak çalışmakta ve çeşitli profesyonel dergilerin yazı işleri kurulunda görev almaktadır. Konferanslar zincirinde düzenli konuşmacıdır ve hem Stres Yönetimi Merkezi'nin, hem de Koçluk Merkezi'nin müdür yardımcısıdır.

İçindekiler

1
Giriş

Kendime dair ne zavallı fikirlerim olduğunu tahmin bile edemezsiniz; ve bunların ne kadar azını hak ettiğimi.

W. S. Gilbert,
İngiliz liberetto yazarı (1854-1900)

Hiç kafanızı bir duvara çarpıyormuşsunuz gibi hissettiğiniz oldu mu? Yaptığınız hiçbir şeyin yeterince iyi olmadığını ve bir yerlerde birilerinin size muazzam bir kozmik şaka yaptığını düşündünüz mü? Eğer içinizi rahatlatacaksa, ben de böyleydim ve bunu size kanıtlayabilirim. Belki de bu yüzden terapist oldum; ne de olsa bütün terapistlerin korku dolu olduğu düşünülür! Şişman ve sivilceli bir genç kız olarak hayatımın bittiğine inanıyordum. Her zaman yanlış erkeğin peşinden giden bir genç kadın olarak, kilo vermenin ve estetik ameliyat yaptırmanın tek umudum olduğundan emindim. Farklı bir şeyler yapmayı denedim, ama 'ne' yapacağımı bilemediğim için genelde yüzüme gözüme bulaştırdım.

İşe yarar yanım insanlarla iyi geçinmemdi; yaşlı kadınlar hep bana dert yandılar. Taksi şoförleri hayatlarının en özel detaylarını benimle paylaştılar ve sonra da bana gösterdikleri bu ayrıcalıklı hizmetin ücretini istediler. Arkadaşlarım, ailem ve meslektaşlarım bilgi ve tavsiye açısından tükenmeyen bir kaynak olduğumu düşünüyorlardı. 23 yaşına geldiğimde, insanlara yardım ederek para kazanabileceğime karar verdim ve danışmanlık dersleri almaya hak kazandım. Kendime güvenim o kadar düşüktü ki, nasılsa beni kabul etmeyeceklerini düşünerek mülakata bile gitmek istememiştim. Kabul edildim ve hayatımın sonraki üç yılı kimi zaman sancılı da olsa, muhteşem bir kendini keşfetme serüvenine dönüştü.

Şimdi, 23 yıl sonra, o özgüvensiz ve mutsuz genç kadından o kadar uzak bir hayatım var ki, bazen onun gerçekten ben olduğuma bile inanamıyorum. Peki ne değişti? Gerçek şu ki, sorunlarımı tanımlamayı ve eskiden sorunları çözmek için kullandığım işe yaramayan stratejiler yerine, bir sürü yeni yaşam becerisi kullanmayı öğrendim. Bir terapist ve yaşam/iş koçu olarak özgüvensiz, önemsiz, sevimsiz ve mutsuz olduklarını düşünen birçok insanla çalışıyorum.

Değişemeyeceklerine çünkü doğuştan kusurlu olduklarına inanan müşterilerim var. Bütün müşterilerim hayatlarını daha iyiye götürmek isteyen sıradan insanlar. Çoğunun hayali, iş dünyasında lider olmak değil; sadece sabahları kalkıp güne umutla bakmayı istiyorlar. Eğer bu kitabı okuyorsanız, büyük bir olasılıkla hayatınız istediğiniz gibi gitmiyor.

Bakalım, aşağıdaki kısa hikayelerde anlatılan insanların özellikleri size tanıdık gelecek mi?

Yaşam Koçluğu Becerileri Gerçekten İşe Yarıyor

Julie

Julie 31 yaşındaydı ve boşanmıştı. 25 yaşındayken Midlands'den Londra'ya taşınmıştı ve o zamandan beri Londra'da yaşıyordu. Tanınmış bir reklam ajansında başarılı bir genel müdür sekreteri olan Julie, durumunu şöyle tarif etmişti; "İyi bir maaşım, evim, arabam, sevgi dolu bir ailem ve bir sürü arkadaşım var". Görünüşe göre Julie'nin mükemmel bir hayatı vardı. Bununla birlikte Julie'nin özel hayatı berbattı; her zaman karşısına ona kötü davranan erkekler çıkıyordu. Son erkek arkadaşı John da bu kategoriye giriyordu. İlişkinin başlamasından kısa bir süre sonra, Julie'den başka kadınlarla da ilgilenmeye başlamıştı. Julie, birçok kez bu ilişkiyi bitirmeye çalışsa da, her defasında kendini tekrar John'un kollarına sürüklenirken bulmuştu. Kendine daima bu kez farklı olacağını söylüyor, mazeretler buluyor ve her seferinde yine acı ve ümitsizlikle karşılaşıyordu. Sanki kendine zarar vermek için bir görev üstlenmiş gibiydi. Julie, içinde bulunduğu durum için bir şeyler yapmaya karar verdi ve bir 'yaşam koçundan' -benden- randevu aldı.

Sonraki üç ay boyunca birkaç sorunu tanımladık. Julie sosyal becerileri olan biriydi, fakat sık sık endişe yaşıyor ve insanların onu gerçekten sevip sevmediklerini merak ediyordu. Julie sevgi dolu bir aileden gelmesine rağmen, babası çok inatçıydı ve Julie'nin onun beklentilerini karşılayamadığı hissine kapılmasına neden oluyordu. Julie genelde arkadaşlarına ve ailesine "Hayır!" demekte zorlanıyor ve sonradan içine düştüğü duruma sinirleniyordu.

Yaşam koçluğu becerilerini kullanarak ve Julie'nin aktif işbirliğiyle, sorununa yeni bir bakış açısı oluşturması ve hayatını değiştirebilecek yeni beceriler kullanması için ona yardımcı oldum. Bu becerilerden biri de, kendine ve karşılaştığı durumlara dair düşünüş biçimini değiştirmekti. Endişe kontrolü ve kararlı olması, başkalarının beklentilerini daha gerçekçi bir şekilde değerlendirmesine yardımcı oldu. Kısa sürede, John'a karşı eski bir davranış biçimini tekrarladığını fark etti; yani, eğer doğru hareket ederse John'u değiştirebilecekti ve her şey yoluna girecek gibi davranarak onu mutlu etmeye çalışıyordu. Babasına da aynen bu şekilde davranmıştı, her zaman onu mutlu etmeye çalışmış ve övgüsünü kazanmayı ummuştu. Kısa sürede bunun imkansız ve faydasız bir görev olduğunu anladı.

John'la ilişkisinde giderek daha kararlı davranmaya başlayan Julie, John'un ona vermesi imkansız olan bir şeyleri istediğinin ve bunları hak ettiğinin farkına vardı; sevgi ve saygı. Bu sefer ilişkisini sonsuza dek bitirdi. İşbirliğimizden bir yıl sonra, Julie'den bir mektup aldım. Yaklaşık dört aydır James'le çıktığını, ilişkilerinin nasıl da iyi gittiğini, farklı beklentiler ve davranışlar içinde olduğunu ve genelde kendine ne kadar güvendiğini yazıyordu. İki yıl sonra, Julie ve James'in nikahlarında çekilmiş bir fotoğraflarını aldım.

Mike

Bir üniversite asistanı olan Mike, daire başkanlığına terfi ettirilmediği için, çok üzgün bir halde beni görmeye geldi. Fısıltı gazetesi sayesinde, kendisi hakkında düşmanca konuşulduğunu ve işi alamamasındaki kilit noktanın bu olduğunu duymuştu. Mike kendini çok çalışan, iyi iş çıkaran ve kendisinden yardım isteyen herkese destek olan biri olarak görüyordu. Kendisi hakkındaki yorumlara bir anlam veremiyordu. Kısa süre içinde, Mike'ın, güçlü bir kişiliğe sahip olmasının başkaları üzerinde nasıl bir etki yarattığının farkında olmadığı anlaşıldı. Görev odaklıydı ve bir işi iyi yapmanın, terfi etmesi ve başkalarının saygısını kazanması için yeterli olacağına inanıyordu. Kişilik becerilerinin, görev becerileri kadar önemli olduğunu hiç düşünmemişti.

Mike, dokuz yaşındayken bir trafik kazasında anne ve babasını kaybedince velayet altına alınmıştı. Anneannesi ona bakamayacak kadar yaşlı olduğu için, sonraki yedi yıl boyunca farklı ailelere kısa süreli olarak evlatlık verilmişti. Bir süre sonra akademik başarının ödül getirebileceğini öğrendi. Hiçbir yerde uzun süreli arkadaşlıklar kuracak kadar uzun kalmadığı için, ilişkileri ayakta tutan paylaşımların ve kişilik becerilerinin ne kadar önemli olduğunu hiç öğrenememişti. Yaşam koçluğu becerileri sayesinde; Mike'ın başkaları üzerinde yarattığı olumsuz etkiyi fark etmesine ve insanlarla daha yakın ilişkiler kurabilmesine yardımcı olabildik. 'Açık sorular' sormak, 'küçük konuşmalar' yapmak, diğer insanların neler isteyebileceğini düşünmek -Başkaları ne ister? yaklaşımı- gibi sosyal beceriler sayesinde, Mike başkalarıyla kurduğu iletişim biçiminde nelerin eksik kaldığını fark etti. Bu becerileri kullandıkça, iş arkadaşlarıyla daha iyi ilişkiler kurmaya başladı ve yaşam koçluğu programını bitirdikten yaklaşık altı ay sonra, başka bir üniversitede daire başkanlığına getirildi.

Jane

Jane beni, sunum yaparken çok heyecanlandığı için bana gelen bir arkadaşından duymuştu. Jane muayenehaneme geldiğinde sorununu hemen anladım; bana değil yere bakıyordu, çok sessiz bir şekilde konuşuyordu ve 28 yaşından çok daha genç görünüyordu. 'Doğuştan özgüvensiz' olduğunu ve hayatını nasıl idare edeceğini bilmediğini söyledi. Ona özgüvenin ne anlama geldiğini sordum. Kişiliğiyle ilgili bir şey olabileceğini ve olasılıkla genetik oluşumunun eksik bir parçası olduğunu söyledi. Ona, özgüvenin bir takım becerilerden, tekniklerden ve tutumlardan oluştuğunu duymanın kendisini şaşırtıp şaşırtmayacağını sordum; biraz düşündükten sonra şaşırttığını söyledi.

Jane kendi hayatına aktif olarak katılmaktan kaçınıyordu. Ne zaman yeni bir şey denese yanlış yapacağına inanıyordu. Bununla birlikte, başka insanların istediklerini elde etme yeteneğine gıptayla bakıyordu. Yaşam koçluğu becerilerini kullanarak; Jane kendi hayatıyla daha etkin bir şekilde uğraşmayı öğrenmeye başladı. Kaçınma durumunun korkudan kaynaklandığını ve korkuyla gerçekçi bir şekilde yüzleşildiğinde azaldığını öğrendi. Önceleri korkutucu olan şeyler artık ona normal geliyordu. Jane'in korkularının çoğu kafasının içinde kendine söylediği şeylerden, kendi kendine konuşmasından kaynaklanıyordu. Kafasında otomatik olarak oluşturduğu bu olumsuz düşünceleri daha gerçekçi olanlarla değiştirerek, kabul edilebilir türden riskleri alabileceğini fark etti.

Başarı başarıyı getirir. Jane korkularıyla yüzleştikçe kontrolü daha fazla ele almaya başladı ve hayatında daha çok başarı elde etti. Jane'in durumunda, yaşam koçluğu programının büyük bir kısmı kişinin düşünce tarzını değiştirmeye odaklıdır. Jane programa üç ay katılarak, yerel bir üniversitede masaj eğitimi görmeye başladı. Bu, onun her zaman hayalini kurduğu, fakat hiçbir zaman erişemeyeceğini düşündüğü bir şeydi. Ayrıca arkadaş çevresi genişledi ve eskiden neredeyse tüm vaktini evde geçirirken, artık aktif bir sosyal yaşama kavuşmuştu.

Yaşam Koçluğu Becerileri

Yukarıda anlatılan bu üç kişinin de ortak bir yanı var; hayatlarını kolaylaştıracak becerilere sahip olmamaları ve kendi yeteneklerine inanmamaları. Yaşam koçluğu becerileri, insanların kişisel ve profesyonel olarak başarı elde etmelerini sağlar. Bu beceriler başlıca dört kategoriye ayrılırlar; olumlu izlenimler yaratmak ve sürdürmek, sağlıklı bir düşünce tarzı oluşturmak, duyguları kontrol etmek (kendimizin ve başkalarının) ve davranışları kontrol etmek.

Olumlu izlenimler yaratmak ve sürdürmek; mümkün olan en iyi izlenimi bırakmak için, sahip olmamız gereken becerileri ve başkalarına karşı davranışlarımızı değerlendirmemiz demektir. Sağlıklı bir düşünce tarzı oluşturmak; düşüncelerimizin nasıl şekillendiği, kim olduğumuz ve nasıl davrandığımız üzerine kuruludur. Duyguları kontrol etmek; kendimizin ve başkalarının duygularını anlamak ve bunları kendi yararımıza en iyi şekilde kullanmak demektir. Davranışları kontrol etmek ise; ne yaptığımız ve hayatımızdaki hedeflere ulaşmaya çalışırken, davranışlarımızın bize ne ölçüde yardımcı olduğu ya da bizi ne kadar engellediği ile ilgilidir.

Yaşam koçluğu, bir yaşam stratejisi oluşturmakla ilgilidir ve kim olduğumuzu keşfetmemizi ya da içinde yaşadığımız dünyayla ilgili daha iyi duygulara sahip olmamızı sağlar. Yaşam koçluğu, hızlı fakat köklü olmayan çözümler bulmak değildir. Unutulmamalıdır ki; düzenli bir fitness programı uygulanmadıkça, jimnastik yapıp formda kalmak mümkün değildir. Özgüven oluşturma becerilerinde de durum böyledir. Eğer en iyiyi hedefliyorsanız, bu becerileri her gün geliştireceğinize dair kendinize söz vermeniz gerekir.

Yaşam koçluğu becerileri, karşımıza çıkabilecek bütün sorunlar ve hayal kırıklıkları için, mucizevi bir tedavi yöntemi değildir. Bununla birlikte, bu becerileri kullanan insanlar, kötü zamanlardan kaynaklanan baskıyı en aza indirdiklerini ve iyi zamanları arttırarak kazanımlarını da arttırdıklarını fark etmişlerdir. İyi insanların başına kötü şeylerin gelmesi hayatın acı bir gerçeğidir; fakat çoğumuz düşünce tarzımız, duygularımız ve davranışlarımızla üzüntü verici durumları olduklarından çok daha kötü bir hale getiririz.

Bu kitabın amacı, hayatınızın kontrolünü elinize almanızı sağlamak ve bu beceriler yardımıyla hayatınızı dolu dolu yaşamanıza yardımcı olmaktır. Her zaman şuna inanmışımdır; 'bunca zamandır ölüsünüz', o halde neden biraz da yaşamayasınız? Çoğu insan hayatını dolu dolu yaşamadığı için pişmanlık duyar. 20, 30, 40 ya da 50 yıl sonra keşke yapsaydım, diye düşündüğünüz şeyler için pişmanlık duyduğunuzu fark etmek nasıl bir duygu olurdu, bir düşünsenize. Bu kitaptaki bütün beceriler ve alıştırmalar bilişsel psikolojiden ve özellikle kişisel değişimin en etkili yollarından biri olarak görülen bilişsel-davranışsal terapiden alınmıştır.

Tablo 1'deki kontrol listesi, özgüvensiz biri olup olmadığınızı anlamanıza yardımcı olacaktır.

Tablo 1: Özgüven kontrol listeniz

	Evet	Hayır
Kendimi beğeniyorum.		
Kendime başkalarına baktığım gibi bakıyorum ve kendimle ilgileniyorum.		
Hayat tecrübem, kendimi takdir etmemi sağladı.		
Niteliklerimin ve kısıtlamalarımın dengeli olduğunu düşünüyorum.		
İyi bir insan olduğuma inanıyorum.		
Kendime dair gerçekçi olmayan beklentilerim yok.		
Herkes kadar benim de hayatta iyi şeylere sahip olma hakkım olduğuna inanıyorum.		
Kendimi katı eleştiriyle değil, olumlu yaklaşımla motive ediyorum.		
Kendimi değerli buluyorum.		

Eğer bu sorulardan herhangi birine "Hayır" cevabı verdiyseniz, bu kitap tam size göre demektir.

Özgüven Eksikliğinin Belirtileri

Özgüven eksikliğinden şikayetçi olan insanlar, aynı zamanda aşağıda sıralanan belirtileri ve davranışları yaşıyor olabilirler.

- Yorgunluk
- İsteksizlik
- Baş ağrıları
- Suçluluk
- Utanç
- Mide rahatsızlıkları
- Gerginlik
- Belirgin kilo kaybı ya da artışı
- Öfke
- Kendisi hakkında pek fikri olmamak
- Zayıf konsantrasyon
- İnsanlardan ve olaylardan kaçma
- Çok konuşmamak
- Herkese her zaman 'evet' demek
- Endişe
- Hayatın farklı olmasını dilemek

Yukarıdaki belirtilerden ve davranışlardan üç ya da daha fazlası size tanıdık geliyorsa, bu kitap tam size göre demektir.

Nasıl Bu Hale Geldim?

Çoğu insan hayatlarını farklı olmayı dileyerek, başka insanları kıskanarak ya da özgüvensizliklerinden şikayet ederek geçirir. Birçok insan, yukarıda bahsettiğimiz Jane gibi, bir şekilde genetik olarak eksik doğduğuna inanır.

Oysa özgüven öğrenilen bir şeydir. Doğduğumuz andan itibaren dış dünyadan mesajlar alırız ve özgüvenimizi yaratan ya da kıran da bu mesajlardır.

Anne ve babanın etkileri

Hiç sabah kalkıp, "Bugün çocuğuma nasıl zarar verebilirim?" diye düşünen bir anne-baba görmedim. Ebeveynler genelde çocuklarını en iyi şekilde yetiştirmeye çalışırlar. Bununla birlikte, sahip olmadığınız bir şeyi başkalarına da veremezsiniz. Eğer çocukluk dönemini 18 yıl boyunca yılda 365 gün, haftada 7 gün, günde 24 saat süren bir eğitim kursu olarak düşünecek olursanız, iyi eğitimcilerin bu süre boyunca mükemmel eğitim becerilerine sahip olması gerektiğini tahmin edebilirsiniz. Eğer eğitimcilerin kendileri yeterli eğitimden geçmemişlerse, bilgilerinde eksiklikler olacak ve bu eksiklikleri karşılarındakilere de aktaracaklardır. En iyi şekilde eğitilmiş kişiler bile, çocuklarına ihtiyaç duydukları sevgi ve ilgiyi vermelerine engel olabilecek dayanılmaz yaşam koşullarıyla karşılaşabilirler.

Eğer çocukken ihmal edilmiş ya da örselenmişseniz, dünyaya bakış açınız bu deneyimlerle şekillenecektir. Özgüveninizi zedelemek için çok uç noktalarda deneyimler gerekmez. Eğer ebeveynleriniz iyi fakat ürkek ve endişeli ise ya da size iyi bakmış olmalarına rağmen duygusal olarak uzak kaldılarsa, eğer sizi hiç övmedilerse ya da her zaman kusur buldularsa; bu faktörler kişisel imajınızın zayıf olmasına yol açabilir.

ALIŞTIRMA

Tablo 2'de size uygun olan kutuları işaretleyin.

Tablo 2: Çocukluk yıllarım

	Evet	Hayır
Sevildiğini ve değer verildiğini hisseden bir çocuktum.		
Mutlu bir çocuktum.		
Öpülen ve kucaklanan bir çocuktum.		
Övülen bir çocuktum.		

Diğer insanlar

Anne ve babamızdan başka, diğer insanlarla olan ilişkilerimizden de etkileniriz. Ağabeyler, ablalar, teyzeler, amcalar, aile, arkadaşlar ve öğretmenler hep kendimizi algılayışımızı etkiler. Zulüm gördüğünüzü hissediyorsanız, ablalarınız ya da ağabeylerinizden farklı olduğunuzu düşünüyorsanız, akranlarınıza uyum sağlamakta zorlanıyorsanız ya da size kötü davranan bir akrabanız tarafından büyütüldüyseniz, bu faktörler de özgüveninizi etkileyecektir.

ALIŞTIRMA

Tablo 3'de size uygun olan kutuları işaretleyin.

Tablo 3: Çocukluğumda diğer insanlarla olan ilişkilerim.

	Evet	Hayır
Çocukken çok arkadaşım vardı.		
Ağabeylerim ve ablalarımla iyi ilişkilerim vardı.		
Çocukken zulüm görmedim.		
Öğretmenlerim bana nazik davrandı.		

Diğer faktörler

Toplumdaki yerimiz ve yaşadığımız çelişkilerin yanı sıra, dış dünyaya dair olaylar da kendimize duyduğumuz güven açısından önemli rol oynar. Diğer insanlar tarafından dışlanmış ya da dış dünyaya yabancılaşmış olarak büyümüş olabilirsiniz. Örneğin; belki de fakir bir aileden geliyorsunuz ya da mahrumiyet bölgesinde yaşadınız. Renginiz, dininiz ya da etnik kökeniniz yüzünden sıkıntı çekmiş olabilirsiniz. Belki de büyük burunlu veya ufak tefek ya da iri oluşunuz gibi sizi diğerlerinden ayıran fiziksel faktörler yüzünden itildiniz. İlerleyen bölümlerde özgüveninizi yükseltmek için gereken becerileri bulacaksınız.

Şimdi, yaşam becerilerinden yoksun olup olmadığınızı, bu yoksunluğun sizi nasıl etkilediğini ve bu becerileri nasıl oluşturabileceğinizi değerlendirme fırsatınız var; hemen harekete geçebiliriz. Bir sonraki bölüm sizi, yeni hayatınızın ilk kısmıyla tanıştıracaktır.

2
Özgüvenli Bir Tavır

Bir gülümseme, binlerce söze bedeldir.

Anonim

Beden Dili

Okula gidip okuma, yazma ve matematik öğrendik, fakat kimse bize beden dilini nasıl anlayacağımızı öğretmedi. Bazı insanların fiziksel sinyalleri anlamalarını güçleştiren fiziksel ve ruhsal sorunları vardır. Bu insanlar dışında herkes, çeşitli örnekleri gözlemleyerek, başkalarının beden dilini nasıl anlayacağını temel olarak öğrenir. Beden dilini anlamak, başkalarıyla güven dolu ilişkiler kurmak açısından oldukça önemlidir. Çocukken, matematik ödevimizde bir hata yaptığımızda, öğretmenimiz ya da ebeveynlerimiz yanlışımızı düzeltip, bir daha ki sefere doğru yapabilmemiz için ne yapmamız gerektiğini anlatmıştır. Oysa beden dilimizde bir hata yaptığımızda kimse yanlışımızı düzeltmez. Böylece, insanların bizi görmesini istediğimiz şekle gölge düşürebilecek alışkanlıklar kazanabiliriz. Beden dilinden anlamamız şunları sağlar:

- Başkalarıyla karşılaşma şeklimize hükmetmemizi; hem ilk karşılaşmada, hem de uzun süreli ilişkilerde.
- Başkalarının duygularını anlamamızı, onlara karşılık vermemizi ve onlarla daha etkin bir şekilde ilgilenmemizi.

Buna inanmak sizin için zor olabilir, fakat birisiyle ilk kez karşılaştığımızda, edinilen izlenimler açısından beden dilimiz; kullandığımız kelimelerden çok daha önemlidir.

ALIŞTIRMA

İlk izlenimler

Birisiyle ilk kez karşılaştığınızı düşünün. Aşağıdaki etkenlere yüzde üzerinden değerler verin (örneğin; beden dili 20 + ses 30 + sözler 50 = 100):

	Yüzde
Beden Dili	......
Ses Tonu	......
Sözler	......
	100

Şimdi bu alanda yapılan araştırmalar sonucu elde edilen değerleri görmek için şekil 1'e bakın.

Gördüğünüz şekil sizi şaşırttı mı? İlk izlenimler söylediğimiz sözlerden çok beden dilimiz ve sesimize bağlıdır. Bir dahaki sefere trene ya da otobüse bindiğinizde etrafınızdaki insanlara bakın. Nasıl giyinmişler?

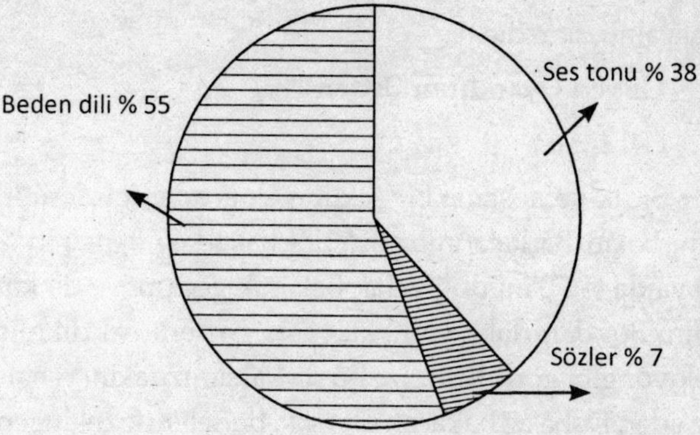

Şekil 1

Nasıl oturuyor ya da ayakta duruyorlar? Ellerini nasıl kullanıyorlar? Yüzlerindeki ifade size ne anlatıyor? Eğer konuşuyorlarsa ses tonlarını dinleyin; ses perdeleri ya da tonlamaları nasıl? Ses tonlarına bakarak ne hissettiklerini anlayıp anlayamayacağınızı düşünün. Beden dili, iyi bir ilk izlenim yaratmak için önemli olduğu kadar, uzun süreli ilişkileri etkilemesi açısından da önemlidir.

Çoğu insan zamanla yakın bir akrabasının, arkadaşının ya da ortağının sadece görünüşüne bakarak, onun nasıl hissettiğini anlayabilir. Birinin size bir şeyler söylediğine, fakat beden dilinin tam aksini düşündürdüğüne kaç kez tanık olmuşsunuzdur. Örneğin; arkadaşınız "İyiyim" diyebilir, fakat yüz ifadesi ve genel görünüşü, daha çok kaygılı ya da üzgün görünüyordur. Olasılıkla ne dediklerini değil, nasıl göründüklerini ciddiye almışsınızdır.

Güven Uyandıran Beden Dili

Göz teması

Sıcak ve dostane bir şekilde, doğrudan gözlerinin içine bakın. Başkalarının gözlerine bakarken, zamanın % 60 ya da % 70'ini doğrudan bakarak geçirmeye dikkat edin. Bundan daha çok bakarsak, gözlerimizi dikmiş bakıyor gibi görünürüz ve bu da karşımızdakini rahatsız eder. Daha az bakacak olursak, bu sefer de çekingen olduğumuz izlenimini verebiliriz. Elbette bu kültürel farklılıklara göre değişiklik gösterebilir. Bazı kültürlerde kadınların erkeklere ya da küçüklerin büyüklerine bakması yakışıksız ya da kaba bulunabilir.

Eğer normal göz teması kurmakta zorlanıyorsanız, birkaç saniyelik göz temaslarıyla başlayabilirsiniz. Karşınızdakinin gözlerine bakın, gülümseyin ve gözlerinizi onun suratında gezdirin; burnuna, saçlarına vb. bakın. Birkaç dakika sonra tekrar gözlerine bakın. Bazı insanlar, alternatif olarak, göz teması kurmayı sonra da bakışlarını karşısındakinin sağına ya da soluna kaydırmayı tercih ederler. Bu, karşınızdakine göz temasını kurmuşsunuz hissini verirken, sizin, doğrudan göz temasının verdiği rahatsızlığı biraz olsun gidermenize yardımcı olacaktır.

Yüz ifadeleri

Söylediğiniz şeyi konuşmanın havasına uydurun. Bir gülümsemenin binlerce söze bedel olduğunu söyleyen eski bir deyiş vardır ve birçok insan gülümsemeyi, yakınlık işareti olarak değerlendirir. Gülümseme; dost canlısı olduğumuzu ve iletişim kurmaya istekli olduğumuzu gösterir. Eğer biri size gülümsüyorsa, siz de ona gülümseyin.

Duruş

Birisiyle karşı karşıya durduğunuzda 'kişisel alan' yaratacak kadar bir mesafe bırakın (sizinle karşınızdaki kişi arasındaki bu mesafe kültürden kültüre değişiklik gösterir). Ayaklarınız yere sağlam bassın, dizlerinizi hafifçe bükün ve kollarınızı rahat bir şekilde yanlara sarkıtın. Kafanızın üzerine bir ip bağlanmış ve yukarı çekiliyormuşsunuz gibi düşünün; böylece başınız, boynunuz ve sırtınız hafifçe uzansın. Böyle yapmak, yapmacıklığa kaçmadan düz durmanızı sağlar. İletişime açık bir duruş karşınızdakini cesaretlendirecektir. Eğer uygun olacağını düşünüyorsanız, hafifçe karşınızdakine doğru eğilmeniz, o kişinin söyledikleriyle ilgilendiğinizi gösterir ve genelde iltifat olarak algılanır.

Jestler

Jestlerin duruma uyması gerekir. Örneğin; eğer iş ortamındaysanız, birisiyle ilk kez karşılaştığınızda olasılıkla elini sıkarsanız. Eğer oturuyorsanız ve birisi size gayri resmi olarak bir arkadaşını tanıştırıyorsa, sadece elinizi kaldırıp, başınızı hafifçe sallayıp gülümsersiniz. Bazı insanlar heyecanlandıklarında yerlerinde duramaz, saçlarıyla oynar ya da kazaklarındaki tüyleri yolarlar. Bütün bunlar, karşımızdakinin ilgisiz ya da özgüvensiz olduğu izlenimini yaratır. Başınızı sallamanız, söylenenlere ilgi duyduğunuzu ve onları anladığınızı gösterir.

ALIŞTIRMA

Tanışma şeklimizi değiştirelim

Bir aynanın önünde durun ve yukarıda anlatıldığı gibi güvenilir bir beden dili oluşturmaya çalışın. Biriyle ilk kez karşılaştığınızı hayal edin ve duruşunuzun, yüz ifadenizin güvenli ve güler yüzlü olup olmadığını değerlendirin.

İnsanlarla tanışırken rahat ve kontrollü olmak, güven izlenimi verir. Eğer endişeliysek ya da olumsuz duygular içindeysek kaslarımızı gereriz, sık ve yüzeysel nefes alıp veririz. Gergin ya da kızgınsanız, rahatlamak için bilinçli bir çaba sarf etmeniz gerekir. Derin bir nefes alıp sonra da nefes vermek sizi sakinleştirir ve fiziksel olarak rahatlatır. Kendinizi kontrol altına alabilmek için, bunu iki ya da üç kere tekrarlayın.

Küçük Konuşmalar Yapmak

Sosyal olaylarla karşılaştığında çoğu insan endişe ve rahatsızlık duyar. Bu durum genellikle ne söyleyeceğimizi bilmediğimizi ya da 'sıkıcı ve ilgi çekmeyecek" biri olarak görüneceğimizi düşünmemizden kaynaklanır. Bu yüzden çoğu insan 'küçük konuşmalar' dediğimiz şeyden korkar. Bununla birlikte; deneyimli konuşmacıların çoğu, daha çok karşınızdakini konuşturarak, mükemmel bir konuşma yapmanın mümkün olduğunu söyleyecektir. Çoğu insan kendinden bahsetmekten hoşlanır ve eğer soruları doğru şekilde sorarsanız açılmalarını sağlayabilirsiniz.

Daha önce beden dilinin rolü üzerinde durmuştuk (bkz. Sayfa 21). O halde hatırlayalım; karşınızdakine bakın, nefes alın ve rahatlayın. Şimdi ne tür sorular sorabileceğinizi düşünelim.

Kapalı ve açık sorular

Farklı türlerde sorular vardır. Kapalı sorular, sadece 'evet' ya da 'hayır' diye yanıtlanabilen sorulardır. Örneğin; "Otobüsle mi geldin?", "İşini seviyor musun?", "Bir şeyler içmek ister misin?". Kapalı sorular, bilgi toplama açısından yararlı olsa da, karşımızdakini konuşmaya teşvik etmezler ve genelde hemen arkasından bir başka soruyla devam etmeniz gerekecektir. Açık soru denilen başka bir soru türü daha vardır. Açık sorular, karşımızdakinin kendinden daha rahat bir şekilde söz etmesini sağlayan sorulardır.

Açık sorular daha çok ne, nerede, nasıl, ne zaman ve neden gibi soru sözcükleri kullanılarak sorulabilir. Örneğin; "Ne tür televizyon programlarını seversin?", "Bu harika elbiseyi nerden aldın?", "John'u ne zamandır tanıyorsun?", "Korku filmleriyle ilk ne zaman ilgilenmeye başladın?", "Neden o gösteriye bilet almak istiyorsun?".

Bu açık sorulara ek olarak; çoğu kişi AÇIK kelimesinin ilk harflerinden yola çıkarak, açık sorular sorabilecekleri bir şablon oluşturur. AÇIK soruların açılımı şöyle olabilir:

Arta kalan zamanlar (örneğin; boş zamanlar, hobiler, dış etkinlikler)

Çevre (örneğin; ev, işyeri, genel çevre konuları)

İş (örneğin; meslek)

Kişisel ilişkiler (örneğin; aile, arkadaşlar, eşler)

ALIŞTIRMA

Açık sorular kullanalım

Aşağıdaki konuşma alanlarına bakın ve bunlarla ilgili kaç açık soru sorabileceğinizi düşünün. Amacınızın karşınızdakine olabildiğince fazla soru sormak olduğunu unutmayın. Her kategoride sadece bir ya da iki soru bile yazsanız üzülmeyin. Her şeyde olduğu gibi, alıştırma yapmanız gerekiyor. Alıştırma yaptıkça daha fazla soru sorabileceğinizi göreceksiniz.

Arta kalan zamanlar (örneğin; boş zamanlar, hobiler, dış etkinlikler)

Ne ....?
Nerede ....?
Nasıl ....?
Ne zaman ....?
Neden ....?

Çevre (örneğin; ev, işyeri, genel çevre konuları)

Ne ....?
Nerede ....?
Nasıl ....?
Ne zaman ....?
Neden ....?

İş (örneğin; meslek)

Ne ....?
Nerede ....?
Nasıl ....?
Ne zaman ....?
Neden ....?

Kişisel ilişkiler (örneğin; aile, arkadaşlar, eşler)

Ne ....?

Nerede ....?

Nasıl ....?

Ne zaman ....?

Neden ....?

Risk almak

Konuşmaya başlarken risk almanın rolünü unutmamalısınız. Utangaç insanlar, genelde reddedilmekten korktukları için, yabancılarla diyaloğa girmezler ve pasif bir şekilde durup kendilerine yaklaşılmasını beklerler. Aktif bir rol üstlenerek kontrolü elinize alabilir ve proaktif (inisiyatifi ele alan) olmayı öğrenebilirsiniz. Eğer reddedilirseniz bunu hemen kişiselleştirmeyin. Karşınızdaki kişi meşgul, yorgun ya da hayatındaki herhangi bir şeyden dolayı üzgün olabilir. Belki daha önce reddedildiğiniz için, şimdi de aynı şeyin olmasını önlemeye çalışıyor da olabilirsiniz. Bununla birlikte, şunu unutmamalısınız ki; herkes reddedilir. Bu, hayatın gerçeğidir! Şöyle düşünün; eğer aktif bir rol üstlenirseniz kaybedecek çok az şeyiniz olur, ama çok şey kazanabilirsiniz.

Dinleme becerileri

İyi bir konuşma, aynı zamanda aktif dinleme becerileri oluşturmanıza bağlıdır. İyi dinleme becerileri, konuştuğunuz kişiyi tanımanıza yardımcı olur, ayrıca ilişkileri derinleştirebilmek için de önemlidir. Bunun için aşağıdakileri öğrenmeniz gereklidir:

- *Dinlemek.* Karşınızdakinin dediklerini dinlemeyi ve söylediklerine uygun bir özle geribildirimde bulunmayı öğrenmelisiniz. İyi bir etki bırakmak için beden dilinizi kullanmayı unutmayın ve konuşma başlıkları açmak için AÇIK formülünü kullanmayı deneyin. "Doğru anladıysam" ya da "Anladığım kadarıyla buna sevinmişsin" gibi ifadeler kullanabilirsiniz.
- *Değerlendirme.* Söylenenleri unutmayın ve bağlantı kurmaya çalışın. Örneğin; "Daha önce uçağa binmekten nefret ettiğini söylemiştin, ama bu yıl İspanya'ya gidiyorsun. Uçakla mı gitmeyi düşünüyorsun yoksa arabayla mı gideceksin?" Karşınızdaki kişinin sesinden ne hissettiğini anlamaya çalışın. Mutlu, üzgün, meraklı ya da kayıtsız bir sesle mi konuşuyor? Bu duyguları konuşmanızda kullanmaya çalışın. Örneğin; "Terfi etmenden bahsederken sesin biraz kaygılı gibi, senin için zorlu bir süreç başlıyor olmalı."
- *Karşılık verme.* İyi bir dinleyici konuşmaya katılır ve bazen konuşan kişinin ne söyleyeceğini önceden tahmin ederek, onunla aynı anda söylemeye çalışır. İnsanların cümlelerini tamamlamayın, fakat konuşmanın nereye gittiğini düşünmeye

ve anlamaya çalışın. Kendinizden bir şeyler eklemeye korkmayın. Örneğin; "Uçmak konusunda söylediklerini anlıyorum. Ben de biraz korkarım, özellikle kalkış ve inişlerde."

Aktif dinlemeyi öğrenmek ve ustalaşmak için zaman ve emek gerekir. Aktif dinleme; hafızanızı ve konsantrasyon becerinizi geliştirmek demektir ve bunlar da zamanla gelişir. Bu becerileri mümkün olduğunca, her yerde ve herkesle kullanmaya çalışın.

Başkaları Beni Nasıl Görüyor?

Yeni kişilerle tanıştığımızda, nasıl göründüğümüzü her zaman çok iyi değerlendiremeyiz. Bazen dost canlısı ve sempatik görünmüş olduğumuzu düşünürüz, fakat karşımızdakiler bizim antipatik ya da mesafeli, hatta belki de kendini beğenmiş olduğumuzu düşünmüş olabilir. Ya da bazen karşımızdaki kişinin, sahip olmadığımız kişisel özellikleri fark edip, bizi yetersiz bulduğunu düşünürüz.

Gerçek güven; zayıf olduğumuz alanlar kadar, sahip olduğumuz nitelikleri de dürüstçe değerlendirdiğimiz takdirde oluşur. Zayıf ve güçlü yanlarınıza dair tam bir izlenim edinebilmek için, başkalarının bakış açılarını da göz önünde bulundurmanız gereklidir.

ALIŞTIRMA

Farklı bir bakış açısı kazanmak

(Bu alıştırmayı yapmaktan korkmayın. Bazı hayallerinizi yıkabilir, ama çok işinize yarayacak ve buna değecektir.)

Önce size gerçekten değer veren ve dürüst cevaplar vermekten kaçınmayacak iki arkadaşınızı seçin. Sonra da, size geribildirimde bulunabileceğini düşündüğünüz iki iş arkadaşınızı ve son olarak da iki aile üyenizi seçin. Aşağıdaki soruların bir kopyasını alarak, yazılı şekilde doldurmaları için bu kişilere verin. İsterseniz rahatsız edilmeyeceğiniz bir zaman belirleyerek soruları karşılıklı tartışabilirsiniz.

1. En çok neyimi beğeniyorsun? Üç kişisel özelliğimi yazar mısın?
2. En çok hangi kişisel özelliğimi değiştirmek isterdin ve neden?
3. Sence ilk karşılaşmalarda yeni insanlara nasıl görünüyorum?
4. İnsanlara daha iyi bir izlenim verebilmek için ne yapabilirim?

Seçtiğiniz kişilerden bütün cevapları topladıktan sonra bir sürprizle karşılaşıp karşılaşmadığınıza bakın. Eğer şaşırdığınız bir sonuç olduysa kendinize bunun nedenini sorun. Kendinizi hafife almış ve kişisel niteliklerinizi görmezden gelmiş olmanız mümkün mü?

Nasıl Motive Olurum?

Kendine güvenmenin anahtarı motivasyondur. Kendimizi iyi hissettiren şeyin ne olduğunu biliyorsak, hayatımızın kontrolünü ele almamız kolaylaşır. Nasıl motive olunacağı kişiden kişiye değişir. Kimi insan güçlüklere meydan okumak, kimi ise övgüler almak ister. Motivasyon sabahları kalkmamızı kolaylaştırır ve bizi neyin motive ettiğini buldukça, hayatımızın kontrolünü daha çok elimize alır ve daha güvenli oluruz.

ALIŞTIRMA

Tablo 4'de size uygun kutuları işaretleyin.

Tablo 4: Neyle motive olurum?

	Evet	Hayır	Bazen
Para			
Güvenlik			
Statü			
Başarı			
Güç			
Dostluk			
Sevgi			
Övgü			

Verdiğiniz cevaplara bakın ve şu anki hayatınızda sizi, neyin ne kadar motive ettiğini bulmaya çalışın. Örneğin; başarının sizi motive ettiğini söylemiş olabilirsiniz. O halde, nasıl daha fazla başarı elde edebilirsiniz?

Bu aşamada bir 'yaşam denetimi' yapmanız yararlı olabilir. Bir yaşam denetimi sizi motive eden şeyleri ya da kişileri belirlemenize yardımcı olur ve güveninizi arttırır ya da motivasyonunuzu bozarak direncinizi ve güveninizi kırar.

Yaşam denetimi

Aşağıdaki alıştırma, hayatınızda değiştirmeniz gereken alanları bulmanıza yardımcı olacaktır. En etkili şekilde verim elde edebilmek için yaşam denetimi bütün bir yıla yayılmalı ve ilerleme üç aylık kontrollerle izlenmelidir. Bir mağazada ya da ofiste çalışıyor olanlar, stok sayımı ve denetleme işlerinin nasıl olduğunu bilirler. Yaşam denetimi de tam olarak aynı amaca hizmet eder, çünkü tıpkı iş yaşamında olduğu gibi, ne yaptığımızı, yaptığımızdan memnun olup olmadığımızı, daha fazlasını yapıp yapmayacağımızı ya da vazgeçmemizin uygun olup olmayacağını bulmamıza yardımcı olur. Denetimi tamamlayınca, bir sonraki adımınız dikkat gerektiren alanlar olarak belirlediğiniz şeyleri değiştirmeye başlamak olmalıdır. Eğer memnun olmadığınız şeyleri değiştirmeye ve memnun olduğunuz alanları fazlalaştırmaya hazır değilseniz, sevdiğiniz ya da sevmediğiniz şeyleri bulmanın size bir faydası dokunmayacaktır.

Tablo 5: Sevdiklerimiz ve sevmediklerimiz

Yaşam Alanı	
Sevdiklerim	*Sevmediklerim*
Evin büyüklüğü	Yer-ulaşım zor
Komşular	Tamir gerekli
	Güvenlik zayıf
	Tek başıma yaşıyorum
İş/Kariyer	
Sevdiklerim	*Sevmediklerim*
Çevre	Toplantılarda
İş arkadaşlarım	konuşmuyorum
	Sunum yaparken güvensizim

ALIŞTIRMA

Aşağıdaki sekiz yaşam alanınızın her biri için sevdiklerinizi ve sevmediklerinizi yazın:

- Yaşam alanı (örneğin; daire, ev, coğrafi alan)
- Aile (örneğin; aile bağları, çocuklar)
- Kişisel ilişki (örneğin; eş, sevgili)
- Arkadaşlar/Sosyal yaşam (örneğin; arkadaşlıklar, hobiler, gezmeler)
- İş/Kariyer (örneğin; mevcut iş, gelecek hedefleri)
- Finans (örneğin; bütçe, tasarruflar, emeklilik, yatırımlar)
- Sağlık (örneğin; diyet, egzersiz, stres kontrolü)

- İç dünya/maneviyat (örneğin; hayattaki yaşam amacınız)

Örnek için Tablo 5'e bakın. Sevmediğiniz şeyleri değerlendirin ve kendinize durumu değiştirebilmek için ne yapabileceğinizi sorun.

Örneğin; kişisel arkadaşlıklarınızda daha kendine güvenen ve isteklerini daha rahat dile getiren biri olmanız gerektiğine karar vermiş olabilirsiniz. Ya da iş/kariyer alanınızda patronunuzla konuşup terfi fırsatlarını nasıl değerlendirebileceğiniz ve karşılaşabileceğiniz sorunlarda size yardımcı olabilecek ne gibi eğitimler alabileceğiniz konusunda tartışmayı düşünmüş olabilirsiniz. Araştırmalar, eğer planlarınızı bir yere yazarsanız, onları gerçekleştirme olasılığınızı arttırdığınızı göstermektedir. Örnek için tablo 6'ya bakınız.

Tablo 6: Eylem planları

İş/Kariyer	
Sevmediklerim Toplantılarda konuşmuyorum	*Eylem Planı* 1. Topluluk karşısında konuşma kursuna yazılmalıyım. 2. Toplantıya gitmeden önce düşünmeliyim. Böylece yorumlarımı zamanında yapabilirim.

Sunum yaparken güvensizim	1. İşyerindeki sunum kursuna yer ayırt. 2. Topluluk karşısında konuşma kursuna yazıl, bu da yararlı olacaktır.

Hayatınızın kontrolünü elinize aldıkça güveniniz artar ve arkanıza yaslanıp uzaktan seyrettiğiniz süre azalır. Sosyalleşme yeteneğinizi geliştirebilirsiniz ve hem kişisel, hem de profesyonel olarak iyi bir izlenim bırakabilirsiniz. Beden dilini kullanmak, konuşmalar yapmak, insanların sizi nasıl gördüğünü ve nasıl motive olduğunuzu bilmek, ne hissettiğinizi ve ilk tanıştığınız insanlara nasıl göründüğünüzü anlamak kendinize güveninizi arttırmanıza yardımcı olacaktır.

Özgüvenli Bir Tavır Oluşturmak İçin Eylem Planı

Öğrendiğiniz beceriler üzerinde çalışmazsanız, hiçbir şey değişmeyecektir. Aşağıdaki 'eylem planı' neye ihtiyacınız olduğunu ve bunu nasıl elde edeceğinizi bulmanız açısından sizin için önemli bir fırsattır.

Aşağıdaki soruları tek tek düşünün ve özgüvenli bir tavır oluşturmak için eylem planınızı hazırlayın.

1. Zaten kullanmakta başarılı olduğum beceriler nelerdir?

....

....

....

2. Hangi becerileri, üzerinde çalışmam gereken beceriler olarak belirledim.

....

....

....

....

3. Kendinden emin bir tavra sahip olabileceğim becerilerimi nerede, nasıl ve kiminle çalışacağım.

....

....

....

....

4. Bu beceriler üzerinde yeterince çalıştığıma nasıl emin olacağım? Karşıma nasıl sorunlar çıkabilir?

....

....

....

....

5. Gelişimimi kontrol edeceğim tarih ne olmalı?

....

....

....

....

3
Özgüvene Giden Yol

Veri olmadan teori geliştirmek büyük bir hatadır.
Sir Arthur Conan Doyle
(1859-1930)

Çoğu insan zeki olmadığına inanarak büyür ve bu inanç güven eksikliğine sebep olur. Toplum, 'akademik' görünenleri yüceltme eğilimindedir. Psikolog Howard Gardner 'çoklu zeka' dediği yedi zeka türünü tarif eder. Mevcut araştırmalar, her tür zekanın benzersiz katkılarını araştırmaktadır. Kişi, içlerinden seçim yapabileceği bir zeka karışımına sahip olarak, birkaç alanda güçlü ve diğerlerinde zayıf olmayı seçebilir. Özgüven sahibi insanlar, zayıf yanları üzerinde çalıştıkları gibi, güçlü yanlarına da saygı duyarlar. Herkesin verebileceği bir şeyleri olduğunun ve insanın kendi yeteneklerini küçümsememesi gerektiğinin farkındadırlar.

Zekânın Yedi Türü

0'dan 8'e kadar olan bir değerlendirme ölçeği kullanarak (0 = hiç, 8 = çok) aşağıdaki başlıklara göre kendinizi değerlendirin:

Görsel/uzamsal zekâ

Resimlerle düşünürsünüz ve bilgiyi aklınızda tutmanıza yarayacak zihinsel görüntüler yaratırsınız. Haritaları, kartları, resimleri, videoları, filmleri, pratik yapı, tamir ve tasarım nesnelerini seversiniz ve iyi bir yön duygunuz var.

0 1 2 3 4 5 6 7 8

Sözel/dilbilimsel zekâ

Oldukça gelişmiş işitsel becerileriniz var ve iyi bir konuşmacısınız. Sözcüklerle düşünürsünüz ve dinleme, konuşma, yazma, öğretme, mizah kullanma, bilgiyi akılda tutma ve başkalarını kendi görüşleriniz doğrultusunda ikna etme becerileriniz var.

0 1 2 3 4 5 6 7 8

Mantıksal/matematiksel zekâ

Mantıksal ve rakamsal kalıplarla düşünür, farklı bilgiler arasında bağlantılar kurarsınız. Çok soru sorarsınız. Problem çözme, bilgiyi sınıflandırma ve kategorize etme, deney yapma, sorgulama ve karmaşık matematik hesaplamaları yapma becerileriniz var.

0 1 2 3 4 5 6 7 8

Bedensel/devinimsel zekâ

İyi bir denge ve beden koordinasyonunuz var (örneğin; top oyunları). Bilgiyi hatırlama ve işleme yeteneğine sahipsiniz. Dans, spor, sanat, el sanatları, oyunculuk, ellerinizi yapım ve yaratım için kullanma becerileriniz var.

0 1 2 3 4 5 6 7 8

Müzikal/ritmik zekâ

Müzikseversiniz ve duyduklarınıza ya beğenerek, ya da eleştirerek tepki verirsiniz. Şarkı söyleme, enstrüman çalma, beste yapma ve melodileri hatırlama becerileriniz var.

0 1 2 3 4 5 6 7 8

Kişilerarası zekâ

Başka insanların ne düşündüğünü ve hissettiğini anlayabilmek için, onların bakış açılarından bakmaya çalışırsınız. Genellikle duyguları ve niyetleri hissetme yeteneğine sahipsiniz. Müthiş bir düzenleyicisiniz; barışı sağlamaya ve işbirliğini teşvik etmeye çalışırsınız. Diğerlerinin açısından bakma, dinleme, karşınızdakinin ruh halini ve duygularını anlama, sorun çözme, başkalarıyla iyi ilişkiler kurma becerilerine sahipsiniz.

0 1 2 3 4 5 6 7 8

İçsel zekâ

Kendi duygularınızı, başkalarıyla olan ilişkilerinizi, güçlü ve zayıf yönlerinizi anlayabilirsiniz. Kendi duygularının farkında olma, düşünce kalıplarını değerlendirme, kendini anlamlandırma ve başkalarıyla olan ilişkilerinizde kendi rolünüzü anlama becerilerine sahipsiniz.

0 1 2 3 4 5 6 7 8

ALIŞTIRMA

Zekâ değerlendirmem

Yukarıdaki zekâ türlerinden kaç tanesinin sizde olduğunu düşünüyorsunuz? Yaptığınız değerlendirmeleri aşağıdaki cetvele aktarın. Bunu yaptıktan sonra, kendinize yüksek ya da düşük puan verdiğiniz alanları değerlendirebilirsiniz.

Görsel/uzamsal zekâ	0 1 2 3 4 5 6 7 8
Sözel/dilbilimsel zekâ	0 1 2 3 4 5 6 7 8
Mantıksal/matematiksel zekâ	0 1 2 3 4 5 6 7 8
Bedensel/devinimsel zekâ	0 1 2 3 4 5 6 7 8
Müzikal/ritmik zekâ	0 1 2 3 4 5 6 7 8
Kişilerarası zekâ	0 1 2 3 4 5 6 7 8
İçsel zekâ	0 1 2 3 4 5 6 7 8

Sağ Beyin mi, Sol Beyin mi?

Beyinlerimiz yaklaşık 1400 gr. ağırlığındadır ve yaklaşık 100 milyar hücreden oluşur. Bu hücrelerin çoğuna nöron (sinir hücresi) denir ve telefon kablosundaki sinyallere benzer bir şekilde, nöronlar arasında çeşitli kimyasallar iletilir. Beynimiz, az da olsa, 60 watt ampule eşdeğer miktarda elektrik üretebilir. Beynimizi işleyiş açısından zirvede tutmak istersek, "Kullan ya da kaybet" deyimini unutmamalıyız.

Beyinlerimiz, her biri farklı düşünme türlerine sahip olan iki bölümden oluşur. Çoğu insan hareketlerini, bu iki bölümden birini kullanmayı tercih ederek yapar. Fakat şanslı bir azınlık, beynin her iki bölümünü de eşit olarak kullanma yeteneğine sahiptir ve herhangi bir güçlük çekmeden her iki bölüme de girip çıkarlar.

ALIŞTIRMA

Beyninizin hangi tarafını tercih ediyorsunuz?

Aşağıda bazı ifadeler sıralanmıştır. Her biri için size en çok uyan ifadeyi (a) ya da (b) olarak- seçin.

1. (a) Mantıksal aktiviteleri tercih ederim.
   (b) Aktivitelerin spontane olmasını tercih ederim.

2. (a) Kararlarımın denenmiş fikir ve düşüncelere dayanmasını tercih ederim.
   (b) Sezgisel kararlar vermeyi tercih ederim.
3. (a) Hayata dair akılcı bir düşünce biçimini tercih ederim.
   (b) Hayata dair daha bütüncül bir düşünce biçimini tercih ederim.
4. (a) Kendimi analitik biri olarak tanımlayabilirim.
   (b) Kendimi, hayatı rastgele olaylar dizisi olarak gören biri olarak tanımlayabilirim.
5. (a) Hayata karşı nesnel bir bakış açım vardır.
   (b) Hayata karşı öznel bir bakış açım vardır.
6. (a) Hayatı birbirinden bağımsız parçalara ayırırım.
   (b) Deneyimleri tek tek değil, bir bütün olarak değerlendiririm.

(a)'lar çoğunluktaysa

Sol beyninizle düşünüyorsunuz. Mantıksal, sıralı, akılcı, analitik, nesnel ve parçalara ayrılmış aktiviteleri tercih ediyorsunuz. Mantıksal düşünceden, analiz ve doğruluktan hoşlanıyorsunuz. Bazen başkaları tarafından soğuk biri olarak görülüyor olabilirsiniz.

(b)'ler çoğunluktaysa

Sağ beyninizle düşünüyorsunuz ve spontane aktiviteleri tercih ediyorsunuz. Tek bir açıdan bakmak yerine, olayı bir bütün olarak görebileceğiniz sezgisel, bütüncül ve öznel bir bakış açısına sahipsiniz. Olasılıkla daha yaratıcı ve duygusalsınız ve sanatsal ya da el sanatlarıyla ilgili aktivitelerden hoşlanıyorsunuz. Sıcak biri olarak görülüyor olabilirsiniz.

Sonuçlar arasında çok belirgin bir fark yoksa

Eğer sonuçlar arasında çok belirgin bir fark yoksa, beyninizin her iki tarafıyla da düşünüyorsunuz demektir. Beyninin her iki tarafıyla da düşünebilen insanlar, kendilerini kucaklayan dünyaya farklı tepkiler verebilme seçeneğine sahiptir.

Beyin Gücünüzü Arttırabilecek Aktiviteler

Mevcut araştırmalar, beyninizi sürekli olarak kullanmanın önemli olduğunu ve bunu yapan birinin sekseninde, doksanında hatta daha ileri yaşlarda bile aktif bir yaşama sahip olmasının daha olası olduğunu göstermektedir! İster sağ beyninizi, ister sol beyninizi kullanın, yaşınız kaç olursa olsun, beyin gücünüzü arttırabilirsiniz. Bunu gerçekleştirebileceğiniz üç yol vardır.

1. Beyninizi çalıştırın

Yeni bir şeyler öğrenin ve kendinize aşmanız gereken yeni hedefler belirleyin; bir akşam kursuna yazılın, patronunuzun istediği eğitim programlarına katılın, internetteki öğretici sitelerde sörf yapın, kitap okuyun, bulmaca çözün, başkalarıyla yaşam, dünya, evren ve diğer her şey hakkında konuşun. Sürekli bilgi edinmeye çalışan insanlar hem daha ilginç olurlar, hem de beyinlerini daha uzun süre çalıştırmaya devam edebilirler.

Eğer daha çok sağ beyninizi çalıştırıyorsanız, sol beyninizi çalıştıracak aktiviteleri tercih edin; bir bilgisayar ya da mantıklı düşünme kursuna yazılın. Yok eğer daha çok sol beyninizi kullanıyorsanız, o zaman bir sanat, elişi ya da yaratıcı yazma teknikleri kursuna katılın.

2. Daha yaratıcı olun

Hafıza oyunları oynayarak hafızanızı geliştirin. Aşağıdaki oyun, arkadaşlarınızla ya da çocuklarla oynayabileceğiniz harika bir oyundur.

- Bir tepsi alın ve üzerine on tane küçük ev eşyası (örneğin; anahtar, mantar, şişe kapağı, kalem) yerleştirin.
- Tepsinin üzerine bir örtü örterek karşınızdakinin önüne koyun.

- Örtüyü 30 saniye kaldırarak, karşınızdakinin bu parçaları ezberlemesi ne izin verin.
- Örtüyü tekrar örtün ve karşınızdakine göstermeden iki parçayı çıkarın.
- Tepsiyi karşınızdakine gösterin ve hangi parçaların çıkarıldığını sorun.

Bu oyunu farklı şekillerde de oynayabilirsiniz. Örneğin; karşınızdakinden hangi parçanın tam olarak 'nereye' konulmuş olduğunu hatırlamasını ya da eşyaları karıştırıp, sonra da ondan hepsini tam olarak eski yerlerine koymasını isteyebilirsiniz.

3. Yediklerinize dikkat edin

Bilim adamları yüksek yağ içeren diyetlerin beyin fonksiyonlarını etkilediğini düşünmektedirler. Bununla birlikte zeytinyağı açısından zengin diyetler yaşa bağlı gelişen hafıza kaybını gidermektedir. Sağlıklı beyin aktivitesinin; E, C, ve B12 vitaminleri, folik asit, ginkgo biloba gibi bitkiler, Kore ve Sibirya ginseng bitkisiyle geliştirilebıleceği düşünülmektedir.

Çok hafif bile olsa egzersiz yapmak beyne giden oksijeni arttırarak, konsantrasyonu ve dikkati geliştirir.

Beyninize iyi bakmalısınız. Egzersiz yapın ve iyi beslenin ve neler başarabileceğinizi bir düşünün.

Öğrenme Biçimleri

Herkesin tercih ettiği bir öğrenme biçimi vardır. Tercihinizin ne olduğunu bilmeniz, en rahat şekilde öğrenebileceğiniz yolu bulmanızı sağlar. Öğrenme biçiminizi belirlemek, güçlü yanlarınızdan yararlanmanıza ve kişisel savunma becerinizi geliştirmenize yardımcı olur. Öğrenme biçimleri, insanların yararlanabileceği öğrenme yollarını ya da bu konudaki farklı yaklaşımları yansıtmaktadır.

Üç tür öğrenme biçimi vardır:

1. Görsel-Görme yoluyla öğrenme

Söylenenlerin tam olarak ne anlama geldiğini algılayabilmeniz için, insanların beden dillerini ve yüz ifadelerini görmeniz gerekir. Sınıfın ön tarafında oturmayı tercih ediyor olabilirsiniz. Resimlerle düşünüyor olabilirsiniz. Tepegöz sunumları, videolar, panolar ve basılı materyaller gibi görsel araçlarla daha iyi öğrenebilirsiniz. Öğrenmeye çalıştığınız bilgiyi daha kolay anlayabilmek için, detaylı notlar almayı tercih edebilirsiniz.

2. İşitsel-İşitme yoluyla öğrenme

Konferans, tartışma ve konuşmalara katılarak, yani başkalarının söylediklerini dinleyerek daha iyi öğrenirsiniz. İşitsel öğrenmeyi tercih edenler, söylenenleri anlamlandırmak için sesin tonuna, perdesine, hızına ve diğer sesli nüanslara kulak verirler. Yazılı bilgi, duyulmadığı sürece pek bir anlam taşımaz. Bu kişiler genellikle metinleri yüksek sesle okuyarak ya da kayıt cihazı kullanarak öğrenirler.

3. **Dokunsal/devinimsel-Yapma ve dokunma yoluyla öğrenme**

Ellerinizi kullanarak ve etrafınızdaki fiziksel dünyayı keşfederek öğrenirsiniz. Uzun süre boyunca oturmak size zor gelebilir, hareket etme ve araştırma ihtiyacınız yüzünden dikkatiniz dağılabilir.

Nasıl Değiştirebileceğinizi Öğrenmek

Uygulamalı bir beceri (bisiklete binmeyi, klavye kullanmayı ya da internete girmeyi öğrenmek gibi) edinmek istediğinizde ya da bir davranışı değiştirmek, olumsuz düşünceleri ve inançları aşmak gibi psikolojik bir beceri elde etmeye kalktığınızda, bununla ilgili bir süreçten geçersiniz. Buna Robinson'un Dört Basamaklı Öğrenme modeli denir.

1. Basamak	**2. Basamak**	**3. Basamak**	**4. Basamak**
Bilinçsiz	Bilinçli	Bilinçli	Bilinçsiz
Yetersiz	Yetersiz	Yeterli	Yeterli

1. Basamak: Bilinçsiz-Yetersiz

"Bilmiyorum ve yapamam."

Mutsuz hissedersiniz, fakat sebebi hakkında bir fikriniz yoktur.

2. Basamak: Bilinçli-Yetersiz

"Çoğu zaman olumsuz düşünceler taşıdığımı fark ettim, ama hiçbir şeyi değiştiremem."

Şimdi ne olduğunu fark etmeye başlıyorsunuz, fakat bu konuda hiçbir şey yapamayacak gibi görünüyorsunuz. Bu farkındalık basamağıdır. Örneğin; küçük şeyleri büyüterek kendinizi endişelendirdiğinizi fark ediyorsunuz, fakat bunu durdurabileceğinize inanmıyorsunuz.

3. Basamak: Bilinçli-Yeterli

"Bunların üstesinden gelebilecek becerilerim var ve durumu kolaylaştırabilecek bir şey düşünürsem bunu yapabilirim."

Çeşitli stratejiler öğrendiniz ve bunları kullanmaya başladınız, fakat ne yaptığınızı düşünmeniz gerekiyor.

4. Basamak: Bilinçsiz-Yeterli

"Ne yaptığımı yarım saat sonra fark ettim ve daha önce neden böyle davranmadığımı düşündüm."

Çünkü yeni becerileriniz üzerinde çalıştınız ve şimdi davranışınız size 'doğal' geliyor. Davranışlarınız otomatikleşiyor; yani bunları düşünmeden yapabiliyorsunuz.

Değişim 'zamanla' gerçekleşir; sabır, çalışma ve her seferinde küçük adımlarla ilerleyebilecek olmanıza duyduğunuz inanç size yol gösterir.

Kötümserliğe Karşı İyimserlik

Kötümser her fırsatta bir güçlük, iyimser her güçlükte bir fırsat görür.

Winston Churchill (1874-1965)

İyimserler, hayata olumlu bakar, karşılaştıkları kötü durumları en aza indirgeyerek etraflarındaki iyi şeyleri görmeye çalışırlar. Kötümserler iyimserlerin yanlış yolda olduklarını, iyimserler ise kötümserlerin iç karartıcı olduklarını düşünürler. Bazı araştırmacılar, iyimserlik ve kötümserliğin, kişinin genetik yaradılışı tarafından belirlendiğine inanmaktadır. Bununla birlikte diğer araştırmacılar, düşünce biçimimizin, yetiştiğimiz çevre tarafından belirlendiğine inanmaktadır. Örneğin; anneniz ya da babanız iyimser ya da kötümserse, siz bundan nasıl etkilendiniz?

Araştırmalar, iyimserlerin daha avantajlı olduğunu gösteriyor. Örneğin; iyimserlerin daha uzun yaşadıkları, daha başarılı oldukları, daha mutlu ilişkiler kurdukları, daha az depresyona girdikleri ve fiziksel rahatsızlıklardan kötümserlere göre daha çabuk kurtuldukları görülüyor.

ALIŞTIRMA

İyimser ve kötümser durumlar

Çevrenizde iyimser olduğunu düşündüğünüz üç kişiyi ve nedenini belirtin.

1 ....

2 ....

3 ....

Son zamanlarda yaşamış olduğunuz ve iyimser baktığınızı düşündüğünüz, üç olayı ve nedenini belirtin.

1 ....

2 ....

3 ....

Çevrenizde kötümser olduğunu düşündüğünüz üç kişiyi ve nedenini belirtin.

1 ....

2 ....

3 ....

Son zamanlarda yaşamış olduğunuz ve kötümser baktığınızı düşündüğünüz, üç olayı ve nedenini belirtin.

1 ....

2 ....

3 ....

Bazı modellerin şekillendiğini görebiliyor musunuz? Örneğin; bazı arkadaşlarınıza karşı iyimser, fakat ailenize karşı kötümser misiniz? İşte ya da seyahatteyken en kötüsünü düşünmenize karşın, evde kendinizi daha mı iyi hissediyorsunuz?

Kötümser olmak yorucudur ve enerjinizi tüketir. İyi haberse, kötümser düşünme tarzının değiştirilebilecek olmasıdır. Zaman ve çaba harcamaya hazırsanız, düşünce tarzınızı değiştirmek mümkündür.

ALIŞTIRMA

İyimserliği geliştirmenin üç yolu

1. Her akşam o gün başınıza gelen üç iyi şeyi yazın.
2. Kötümser bir şekilde düşündüğünüzde; olumsuz düşüncelerinizi, olumlu bir düşünce ya da görüntüyle değiştirin.
3. Olumlu ifadeler yazarak bunları her gün kendi kendinize tekrarlayın. Örneğin; "Hayatımda daha fazla sevgiyi hak ediyorum", "Mutlu ve başarılı biriyim".

Kötümser ve olumsuz düşünceleri engellemenin bir yolu da, düşüncelerinizi bir terazinin kefesine koyduğunuzu hayal etmektir (bkz. Şekil 2). Bir kefeye bütün olumsuz düşüncelerinizi ve diğer kefeye bütün gerçekçi ve olumlu düşüncelerinizi koyun. Eğer kötümserseniz, terazinin olumsuz kefesi daha ağır gelecek ve her iki kefeyi dengede tutmak için iyi şeyleri görmeye çabalamanız (olumlu öğelerin ağırlığını arttırmak için) ve olumsuzlukları aşmanız (olumsuz öğelerin ağırlığını azaltmak için) gerekecektir.

Hiçbir Şey Göründüğü Gibi Değildir!

Doğduğumuz andan itibaren dünyayı anlamlandırmaya çalışırız. Mesajları ve deneyimleri değerlendiririz, sonra da bunlara bakarak dünyaya ve kendimize dair kararlara varırız. Normalde bir olaya bakmanın birden çok yolu vardır. Çoğumuz, aldığımız orijinal mesajları değerlendirme tarzımız yüzünden, olayları bir bütün olarak görmekte zorlanırız. Dünyayı ve olayları ne kadar farklı yollardan değerlendirirsek (görürsek), davranış biçimimiz ve başkalarını etkileme yollarımız hakkında o kadar çok seçeneğe sahip oluruz. Bir olayı sadece tek bir bakış açısından görerek güvenimizi zedeleriz.

Şekil 3 ve 4'e bakın ve her birinde dikkatinizi çeken şeyin ne olduğunu düşünün. Belki sadece bir resim dikkatinizi çekti ve diğerini göremediniz, fakat denediniz. Belki biraz düşünerek ve dikkat sarf ederek ikinci resmi görebileceğinizi fark ettiniz. Bu alıştırma hayata benzer. Bazen gözlerimizin önündekini göremeyiz, hatta gösterildiğinde bile bakış açımızı değiştirmemiz zordur. Zaman, sabır ve birazcık çaba harikalar yaratır.

Yıkıcı Düşünce

Yıkıcı düşünce konusunda basit bir denklem vardır:

Olumsuz düşünceler = Olumsuz sonuçlar

Milattan sonraki ilk yüzyılda, filozof Epiktetos şöyle der; "İnsanlar olaylardan değil, olaylara bakış açılarından rahatsız olurlar." Örneğin; elinize yarım bardak şarap alarak bir grup insanın karşısına geçseniz ve onlardan ne gördüklerini söylemelerini isteseniz, bazıları bardağın 'yarısının dolu' olduğunu bazıları da bardağın 'yarısının boş' olduğunu söyleyeceklerdir. Bu örnekte dikkat edilmesi gereken nokta; bardağın yarısının boş olduğunu düşünenlerin düşünce biçimlerinin güven kırıcı olmasıdır. Bardağın yarısını dolu görenler ise, ellerinden gelenin en iyisini yapan, böylece güvenlerini pekiştiren kişilerdir.

ABC modeli

Bilişsel psikolojinin kurucularından olan Aaron Beck, sağlıklı düşünce biçimlerini anlayabilmek için bir temel oluşturmuştur. Aşağıdaki ABC modeli olayların düşünceleri nasıl tetiklediğini, sonra bu düşüncelerin duyguları nasıl harekete geçirdiğini ve duyguların nasıl eylemlere yol açtığını göstermektedir.

A	B	C
Olay (Örneğin; bir akşam kursunun kapısında beklemek.)	*İnançlara dayanan düşünceler* (Örneğin; iyi yapamayacağım ve herkes aptal olduğumu düşünecek.)	*Sonuçlar* Duygular (örneğin; endişe), eylemlere yol açar (örneğin; içeri girmeden eve dönmek).

Olumsuz düşünceler

Düşüncelerimizin çoğu 'otomatik' olduğu için, çoğu zaman onları düşündüğümüzü bile fark etmeyiz; kafamızda bir anda canlanıverirler. Bu daha çok süper market müziğine benzer; arka planda çalmaktadır, ama aslında pek de farkında değilizdir. Bu düşünceler üzerinde durmanın bir yolu da, onların olumsuz doğasını anlamaktır.

Olumsuz otomatik düşünceler ya da kısaca OOD, böcek gibidir. Bu küçük yaratıklar tarafından bir kez bile olsun ısırılan biri, bu ısırıkların ne kadar rahatsız edici olduğunu anlayacaktır. Genelde onları görmeseniz bile, ısırıkları günlerce rahatsızlık verebilir. Bu düşünceler gerçeklerle bağdaşmadıkları için çarpıtılmışlardır. Aynı zamanda istençsizdir ve bu yüzden de bunları durdurmak zordur. Kişisel düşünce biçimlerimizi mü-

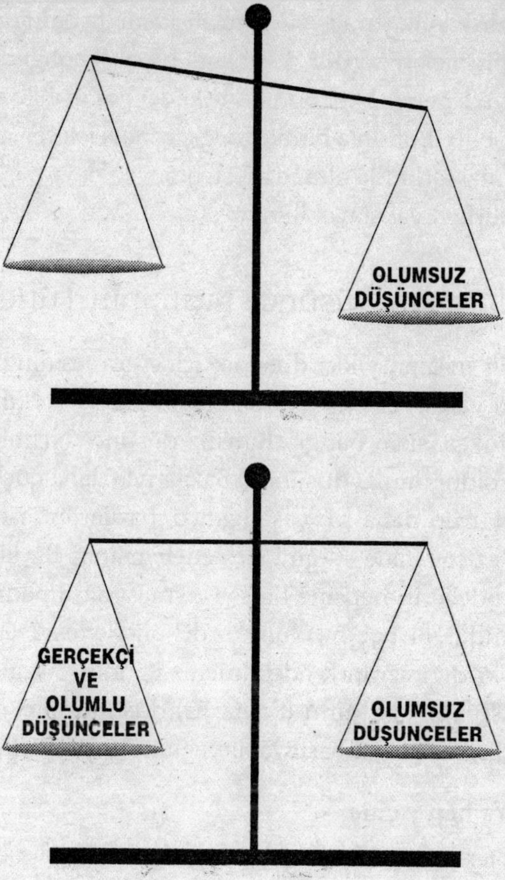
OLUMSUZ
DÜŞÜNCELER
GERÇEKÇİ
VE
OLUMLU
DÜŞÜNCELER
OLUMSUZ
DÜŞÜNCELER

Şekil 2

kemmelleştirmek için yıllarca çalışırız, fakat bu düşünceler alışkanlık yaratır ve çoğu alışkanlıkta olduğu gibi değiştirilmeleri zordur. Herhangi bir alışkanlığı değiştirmeyi denemiş biri, bunun ne kadar zor olabileceğini anlayabilir. Bununla birlikte değiştirmeyi isteseniz bile, kendinizi farkında olmadan istenmeyen davranışlarda bulunurken yakalayabilirsiniz.

Olumsuz Düşünce Biçiminin Türleri

Bir insanın yıkıcı düşünce içine girmesinin çeşitli yolları vardır. En yaygın biçimleri aşağıda verilmiştir. Okudukça, sizin hangi olumsuz düşünce biçimlerine sahip olduğunuzu düşünün. Bazılarıyla daha güçlü bir ilişki kurup daha sık yaşadığınızı, bazılarının ise size daha az şey ifade ettiğini fark edebilirsiniz. Bir kişinin bu modellerin hepsine birden uyması alışılmadık bir durumdur. İlk bölüm, olumsuz düşüncelerle güveninizi nasıl kırdığınızı fark edebilmeniz içindir. "Özgüvenli Düşünme" bölümü (Sayfa 72) düşünce biçiminizi değiştirmeye nasıl başlayabileceğinizi göstermektedir.

Ya hep ya hiç

Her şeyi iyi ya da kötü, doğru ya da yanlış, başarı ya da başarısızlık gibi uç boyutlarda görürsünüz. İmkansız hedefler belirler, sonra da onları başaramayınca kendinize kızarsınız. İstediğiniz standartlarda tamamla-

Şekil 3 Boru çalan bir adam mı var yoksa bir kadın yüzü mü?

Şekil 4 Bu kitap size doğru mu bakıyor yoksa ters yöne mi?

yamayacağınızı düşünerek, hedeflerinizi gerçekleştirmeye bir türlü başlayamazsınız.

Örneğin:

- Gerçekçi bir hedef olmamasına rağmen, koca bahçeyi bir gecede temizlemeyi kendinize görev edinirsiniz. Fakat beliniz ağrısa bile vazgeçmez, devam edersiniz.
- Diyet yaparken, doğum günü hediyesi olarak verilmiş olan kutudan iki tane çikolata yediğinizi fark edersiniz. Sonra kendinize, "Diyeti bozduğuma göre hepsini şimdi yiyip bitirmeliyim, saklamanın bir anlamı yok" dersiniz.
- İşyerinde çok da önemli olmayan bir hata yaparsınız ve kendinize, "Bütün her şeyi mahvettim! Gerçekten berbat ettim, ne kadar aptalım!" dersiniz.
- Bir elişi kursuna gidersiniz ve bir yıldır kursa devam etmekte olanlarla kendinizi kıyaslayarak, hiçbir şey beceremediğinizi düşünürsünüz. İyi olmadığınıza karar verip bir daha gitmezsiniz.

ALIŞTIRMA

Eğer ya hep ya hiç diye düşünmenin size uyduğuna karar verdiyseniz; bu şekilde düşündüğünüz üç olayı ve o anda aklınızdan nelerin geçtiğini yazınız.

Olay	*O anki düşünceler*
1	....
2....................................	....
3	....

Hemen sonuca varmak

Başkalarının aklını okuduğunuzu düşünürsünüz ve ne düşündüklerini bildiğinize inanırsınız. Bu daha çok telepatik olduğunuza inanmak gibidir. Varsayımlarınızı kontrol bile etmezsiniz, çünkü sonucu zaten 'biliyorsunuzdur'. Geleceği görebildiğinizi varsayarak negatif bir sonuç öngörürsünüz ve kendinize bunun gerçekten böyle olacağını söyleyerek öyle olmasını teşvik edersiniz ki buna "Kendi Kendimize Gerçekleştirdiğimiz Kehanetler" denir.

Örneğin:

- Yolda bir arkadaşınızı görürsünüz, fakat o sizi fark etmez. Siz de, "Yanlış bir şey yapmış olmalıyım. Bana kızgın galiba. Karşısına çık masam daha iyi olur" dersiniz. Arkadaşınız fazla kaygılı göründüğünü daha yeni fark etmiştir, fakat siz zaten neyin niye olduğunu anladığınıza karar vermişsinizdir ve varsayımlarınıza göredavranmışsınızdır.

- İşyerinde bir sunum yapmanız gerekmektedir ve her şeyin kötü gideceğine inanıyorsunuzdur. Böyle düşündükçe giderek daha fazla heyecanlanmaya başlarsınız ve kendinize söylediğiniz her şeyin gerçekleşmeye başladığını fark edersiniz.
- Erkek arkadaşınız mini etekli bir kadına bakıyordur ve siz de, "Beni çekici bulsaydı böyle davranmazdı. Beni şişman buluyor olmalı" diye düşünürsünüz. Erkek arkadaşınıza ne düşündüğünüzü söylemezsiniz ve surat asarsınız.

ALIŞTIRMA

Eğer hemen sonuca varmanın size uyduğuna karar verdiyseniz; bu şekilde düşündüğünüz üç olayı ve o anda aklınızdan nelerin geçtiğini yazınız.

Olay	*O anki düşünceler*
1	....
2.................................	....
3	....

Zihinsel süzgeç

Zihinsel süzgeç, iyi olan her şeyi süzdüğünüz ve sadece olayların olumsuz yanlarına odaklandığınız psikolojik bir kevgire benzer.

Örneğin:

- Patronunuz yıllık değerlendirme için sizi çağırır ve sizinle ya da işinizle ilgili bir sürü güzel şey söyler. Fakat çalışma tarzınızda ufak bir değişiklik görmek istediğine değinir. Siz de her şeyi görmezden gelip, bu olumsuz yoruma takılıp kalırsınız.
- Bir bilgisayar kursuna yazılmak istiyorsunuzdur, fakat bir arkadaşınızın size bilgisayar kullanımıyla ilgili bir şey öğretmeye kalktığını ve sizin bunu anlamakta zorlandığınızı hatırlarsınız. Çabuk öğrenebildiğinizi kanıtlayan bir sürü başka örnek olmasına rağmen, siz sadece bu deneyime dayanarak başarısız olacağınıza inanırsınız ve kursa gitmekten vazgeçersiniz.
- İşyerinizde başka bir işi denemeyi çok istiyorsunuzdur. Müdürünüzden size bir röportaj ayarlamasını istersiniz ve o da memnuniyetle kabul eder. İyi çalışıyor olmanıza rağmen, "Olasılıkla, sırf nezaket olsun diye bana o röportajı verdi" diye düşünürsünüz.

ALIŞTIRMA

Eğer zihinsel süzgecin size uyduğuna karar verdiyseniz; bu şekilde düşündüğünüz üç olayı ve o anda aklınızdan nelerin geçtiğini yazınız.

Olay	*O anki düşünceler*
1	....
2..............................	....
3	....

Olumlu olanı dikkate almamak

Başarılarınızı küçümseyerek ve yaptığınız olumlu şeyleri dikkate almayarak kendinizi mutsuz edersiniz. Olumlu olan şeyleri dikkate almadığımız zaman, hayattan zevk alamayız ve böyle bir düşünce biçimi bizi depresyona ve hayatın anlamsız olduğu düşüncesine sürükler.

Örneğin:

- Direksiyon sınavını geçmek için çok çalışmışsınızdır, fakat başarıya ulaştığınız zaman, "Önemli bir şey değildi, bunu herkes yapabilirdi" diye düşünürsünüz.
- Diyet ve egzersiz yaparak epeyce kilo vermişsinizdir. Arkadaşlarınız ne kadar harika göründüğünüzü söylüyordur, fakat siz, "Daha fazla kilo vermem gerekiyordu" diye düşünerek başarınız karşısında hayal kırıklığı hissedersiniz.
- Bütün bir günü evin bir yığın işini bitirmeye çalışarak geçirirsiniz. İşlerin çoğunu bitirmiş olmanıza rağmen hepsini bitirmeniz olanak-

sızdır. Fakat siz kendinize, "Bugün hiçbir şey yapamadım" dersiniz.

ALIŞTIRMA

Eğer olumlu olanı dikkate almamanın size uyduğuna karar verdiyseniz; bu şekilde düşündüğünüz üç olayı ve o anda aklınızdan nelerin geçtiğini yazınız.

Olay	*O anki düşünceler*
1	....
2	....
3	....

Duygusal muhakeme

Hislerinizin bir anlam taşıdığına inanırsınız. Böylece, eğer kötü hissediyorsanız yanlış bir şey yapmış olduğunuzu düşünürsünüz. Olaylara uygun sebepler yaratma eğilimindesinizdir.

Örneğin:

- Yeni insanlarla tanışmaktan endişe duyuyorsunuzdur ve bu yüzden başkalarına değersiz geleceğiniz sonucuna varırsınız.

- Bir hata yaparsınız ve "Hata yaptım, bu yüzden tam bir fiyaskoyum" diye düşünürsünüz.
- Bir arkadaşınıza sert çıktınız, hemen "Kötü bir şey yaptım, bu yüzden ben kötü biriyim" diye düşünmeye başlarsınız.

ALIŞTIRMA

Eğer duygusal muhakemenin size uyduğuna karar verdiyseniz; bu şekilde düşündüğünüz üç olayı ve o anda aklınızdan nelerin geçtiğini yazınız.

Olay	*O anki düşünceler*
1	....
2	....
3	....

Etiketlendirme

Kendinizi "Ben bir fiyaskoyum", "İşe yaramaz biriyim", "Değersizim" gibi sıfatlarla etiketlendiriyor musunuz? 'Etiketiniz' kendinize dair inançlarınızdan mı oluşuyor? Ne zaman bir şeyler ters gitse, çok küçük olsa bile bu, kendinize taktığınız etiketi pekiştirir.

Örneğin:

- Okul hayatınızda elinizden geleni yapmadınız ve ailenizi hayal kırıklığına uğrattınız. İşinizde başarılı biri olmanıza rağmen, "Ben bir fiyaskoyum" diye düşünmeye başlarsınız.
- Ailenizdeki dört çocuktan en küçüğü sizsiniz. Ablalarınız ve ağabeyleriniz sizin hiç sevmediğiniz ve ilgilenmediğiniz müzik, tiyatro ve sanatta başarılıydılar. Okulda başarılı olmanıza rağmen, her zaman diğerlerinden daha az ilgi çekici olduğunuzu düşündünüz. Kendinizi 'işe yaramaz biri' olarak görüyorsunuz.

ALIŞTIRMA

Eğer etiketlendirmenin size uyduğuna karar verdiyseniz; bu şekilde düşündüğünüz üç olayı ve o anda aklınızdan nelerin geçtiğini yazınız.

Olay	*O anki düşünceler*
1	....
2................................	....
3	....

Kişiselleştirme ve suçluluk

Her şeyi kişisel olarak algılıyorsunuz ve sizin suçunuz olmadığı halde hep kendinizi suçluyorsunuz. Ya da tam tersine, kendi sorumluluğunuzu görmezden gelerek diğer herkesi suçluyorsunuz.

Örneğin:

- Bir grup arkadaşınızla buluşup sinemaya gideceksiniz. Buluşma saati değiştirildi ve sizden yolunuz üzerindeki bir arkadaşınızı almanız istendi. Fakat evden çıktığınız için, telesekreterinize bırakılan bu mesajı alamadınız. Önceden kararlaştırdığınız saatte buluşmaya gittiğinizde arkadaşlarınızın yarım saattir sizi beklediğini, üşümüş olduklarını ve biraz da mutsuz göründüklerini fark ettiniz. "Hep benim suçum. Kendimi korkunç hissediyorum" diye düşünürsünüz.
- Bir projenin işleyişini kontrol etmeniz için patronunuz sizi çağırıyor. Teslimatı zamanında yapmayan bayiler yüzünden bazı aksaklıklar var. Üstelik birkaç personel grip olduğu için işler biraz daha aksadı. Patronunuz oldukça telaşlı görünüyor. Suçluluk ve utanç duyarak "İşe yaramaz biriyim. İşleri zamanında yetiştirmeyi başaramadım. Patronum işe yaramadığımı düşünüyor" diye düşünürsünüz.

- Sürekli olarak insanları hayal kırıklığına uğratırsınız ve insanlar verdiğiniz sözlere inanmak istemezler. Belli bir tarih ve saatte bir arkadaşınız için bir işi yapmayı kabul edersiniz. Kararlaştırdığınız tarihten bir sonraki güne kadar ortalarda görünmezsiniz ve arkadaşınız işi kendisi yapmıştır. Kızarsınız ve "Bana böyle davranmamalıydı" diye düşünürsünüz.

ALIŞTIRMA

Eğer kişiselleştirme ve suçluluğun size uyduğuna karar verdiyseniz; bu şekilde düşündüğünüz üç olayı ve o anda aklınızdan nelerin geçtiğini yazınız.

Olay	*O anki düşünceler*
1	....
2..................................	....
3	....

Aşırı genelleme

Bir olayı alırsınız ve sanki yaşam boyu süren bir modelin parçasıymış gibi davranırsınız. Kendinize, başkalarına ve dünyaya dair genellemeler yaparsınız.

Örneğin:

- Yeni bir yazılım paketini öğrenmeye çalışıyorsunuz ve zorlanıyorsunuz. Bir hata yaptığınızda, "Zaten her zaman hata yaparım" diye düşünürsünüz.
- Yeni bir ilişkiye başladınız. İkinci buluşmanızdan sonra erkek/kız arkadaşınızın başkasıyla çıktığını fark ettiniz; "Hiçbir kadına/erkeğe güvenilmez" diye düşünürsünüz.

ALIŞTIRMA

Eğer aşırı genellemenin size uyduğuna karar verdiyseniz; bu şekilde düşündüğünüz üç olayı ve o anda aklınızdan nelerin geçtiğini yazınız.

Olay	*O anki düşünceler*
1	....
2	....
3	....

-meli -malı diye düşünmek

Hayatınızı -meli ve -malı'larla doldurursunuz. Bunları kendinizi motive etme aracı olarak kullanırsınız. Ne yazık ki, kendinize bir şeyi yapmak zorunda olduğunuzu söyledikçe, onu yapma ihtimaliniz zayıflar ve kendinizi daha kötü hissedersiniz. Daha da kötüsü, başka insanların yapması gereken -meli, -malı'lar olduğuna inanırsınız.

Örneğin:

- Zamanınızı "Şunu düzeltmeliyim", "Hata yapmamalıyım", "İnsanları mutlu etmeliyim" diye düşünerek geçirirsiniz.
- Stresli bir dönem geçiriyorsunuzdur ve kendinizi "Bunu becerebilmeliydim. Daha makul davranmalıydım. Daha dikkatli olmalıyım" diye düşünürken bulursunuz.

ALIŞTIRMA

Eğer -meli, -malı diye düşünmenin size uyduğuna karar verdiyseniz; bu şekilde düşündüğünüz üç olayı ve o anda aklınızdan nelerin geçtiğini yazınız.

Olay	*O anki düşünceler*
1	....
2....................................	....
3	....

Felaket tellallığı

Her fırsatta pireyi deve yaparak, olaydan en üst düzeyde sıkıntı ve dram yaratırsınız. Dramatik anlamlar taşıyan birçok duygusal sözcük kullanırsınız ve hep en kötü sonuçları görürsünüz.

Örneğin:

- Patronunuz yarın sabah uğrayıp kendisini görmenizi istedi. Günün geri kalan kısmını ve bütün geceyi, nerede yanlış yaptığınızı düşünerek ve her tür korkunç sonucu hayal ederek geçirirsiniz.
- Evde küçük bir akşam yemeği veriyorsunuz ve arkadaşınız size gelirken yoldan çiçek toplayıp getireceğini söylemiştir. Fakat gecikir ve çiçekleri de unutmuştur. Bunu küçük bir aksaklık gibi değerlendirmez, dünyanın sonu gibi davranırsınız.

ALIŞTIRMA

Eğer felaket tellallığının size uyduğuna karar verdiyseniz; bu şekilde düşündüğünüz üç olayı ve o anda aklınızdan nelerin geçtiğini yazınız.

Olay	*O anki düşünceler*
1	....
2	....
3	....

Özgüvenli Düşünme

Özgüvenli düşünme, olumsuz düşünce biçiminizi değiştirmeyi ve aşmayı öğrenmeniz demektir. Yani, yıkıcı düşüncelerinizi gerçekçi düşüncelerle değiştirmeyi öğrenmeniz gerekir. Bu düşünceler, kendinize ve başkalarına dair güzel duygularınızı arttırır. Olumsuz düşüncelere kapıldığınız her seferinde; bankanıza gittiğinizi, bin bir zorlukla kazandığınız bir avuç dolusu parayı alıp sokaklarda yürüyerek etrafa savurduğunuzu düşünün. Psikolojik enerjiniz, işte bu kadar değerlidir! Yağmurlu günler için biriktirmeniz gereken bir şeydir. Ne yazık ki, hayatta inişler vardır ve bir krizle karşılaştığınızda güvenebileceğiniz bir yatırıma ihtiyaç duyarsınız. Her şey bir yana, çatıyı aktarmanız gerektiğinde kenara biraz para ayırdığınız için mutlu olursunuz ve duygusal bir krizle karşılaşıldığında da aynı prensip geçerlidir.

Tablo 7: Düşünce gözlem formu

Olay A	Yıkıcı Düşünce B	Duygular ve Eylemler C	Sağlıklı Tepki D	Yeni Yaklaşım E

Tablo 8: Örnek

Olay A	Yıkıcı Düşünce B	Duygular ve Eylemler C	Sağlıklı Tepki D	Yeni Yaklaşım E
Arkadaşım benden borç para istiyor.	Ona parayı vermem lazım, çünkü o benim arkadaşım ve eğer on aborç vermezsem cimri olduğumu düşünür. *Mantıksal:* Sırf benim arkadaşım olduğu için, mantıken ona para vermem mi gerekiyor? *Deneysel:* Neden cimri olduğumu düşünsün ki? *Pragmatik:* Neden bu fikirlere kapılıyorum?	Endişe, konsantrasyon eksikliği	*Mantıksal:* Arkadaşımın benim hakkımda iyi düşünmesini istiyorum, ama buna mecbur değil ve ben de ona para vermeye mecbur değilim. *Deneysel:* Para vermemek beni cimri yapmaz. *Pragmatik:* Benim hakkımda kötü bile düşünse, bu beni değil onu kötü etkileyecektir, çünkü arkadaşlık paraya dayalı değildir.	Eğer tavrımı değiştirirsem biraz kaygı duyabilirim, ama bana doğru gelen bir şekilde davranmış, düşüncelerimi ve ihtiyaçlarımı göz önünde bulundurmuş olacağım. Eğer arkadaşım gücenirse, o zaman belki benim düşündüğüm kadar yakın olmadığımız sonucuna varabilirim ve bunu şimdi öğrenmek sonra öğrenmekten daha iyidir. Hayal kırıklığına uğrayabilirim, ama başka arkadaşlarım da var.

Düşüncelerinizi gözlemleyin

Daha önce de söylediğim gibi, planlarınızı kağıda dökmek onlara daha sıkı sarılmanızı sağlar. Kendinize bir günlük ya da ajanda alın ve gelişiminizi izlemek için yazmayı deneyin. Bütün bilgilerinizi bir yerde saklamanın bir avantajı da, eğer kötü bir gün geçirirseniz, aşağı doğru kaydığınızı hissederseniz ve gelişiminizi sorgularsanız; başarınızın bağımsız bir kaydını elinizde tutuyor olacaksınız. Ne de olsa hepimiz kötü günler geçirebiliriz!

Olumsuz düşünme biçiminizi aşma sürecinde ilk adım, düşüncelerinizle 'nasıl' başa çıkabileceğinizi öğrenmektir. "Yıkıcı Düşünce" bölümünde derlediğiniz olumsuz düşünce biçimleri listesini kullanarak, düşünce gözlem formunu (bkz. Tablo 7) doldurun ve özellikle yaşadığınız gereksiz düşünce türlerini belirtin.

Düşüncelerinizle Mücadele Edin

Hemen sonuca varmak

Düşüncenizin aksini kanıtlayacak bir delil arayın. Bir şeyi 'her zaman yanlış yaptığınıza' inanıyorsanız, 'doğru yaptığınız' zamanları düşünmeye çalışın. Doğrudan varsayımlarınızla hareket etmek yerine, insanlara gerçekten ne düşündüklerini sorarak varsayımlarınızı ve düşüncelerinizi kontrol edin.

Aşırı genelleme

Kendi kendinizin en iyi arkadaşı olun ve kendinize aynı konumdaki başka biri için ne söyleyebileceğinizi sorun. Genelde başkalarına karşı, kendimize karşı olduğumuzdan daha nazik ve daha yardımsever davranırız.

-meli, -malı diye düşünmek

'-meli', '-malı' gibi mutlak ifadeler yerine, tercih etmeye dayalı düşünceler oluşturun. Örneğin; "Her zaman her şeyi doğru yapmayı tercih ederim" gibi. İyi şeyler yapmayı ya da başkalarının bizim istediğimiz gibi davranmasını istemekte bir gariplik yoktur. Fakat insanlar bizim istediğimiz şeyleri yapacak diye tanrısal bir kural yoktur ya da sırf bir şeyi istediğimiz için illa ona sahip olacağız diye bir kural da yoktur!

Ya hep ya hiç

Aşırı uçlarda düşündüğünüzü fark ettiğinizde, bir orta yol bulmaya çalışın. Örneğin; hedefinizi adım adım yapıp yapamayacağınızı sorgulayın. Yapmayı planladığınız şeyin bir kısmını başarabildiniz mi? Eğer başardıysanız, 'yaptığınız' şey için kendinizi ödüllendirin.

Zihinsel süzgeç

Her gün başınıza gelen üç güzel şeyi yazın. Hakkınızda yapılan olumlu yorumları dikkatle dinleyin ve birinin söylediği bir şeye takılıp kaldığınızda, olumlu yorumları gözden kaçırıp kaçırmadığınızı kendinize sorun.

Olumlu olanı dikkate almamak

Yaptığınız bir şeyin işe yaramadığını düşündüğünüzü fark ederseniz; durun ve kendinizi hafifçe sarsın. Yaptığınız şeyleri yüksek sesle söyleyecek birilerini bulmaya çalışın. Örneğin; "Akşam kursunda gösterdiğim ilerlemeden gerçekten memnunum" deyin.

Duygusal muhakeme/etiketlendirme

Kendinize aptal, salak, fiyasko ya da işe yaramaz dediğiniz zamanlarda, 'gerçekten' ne demek istediğinizi kendinize sorun. Birini fiyasko olarak değerlendirmemize neden olan şey nedir? Bazı şeylerde başarısız olabilirsiniz, fakat bunlar sadece bazılarıdır. Olumlu olan örnekleri görmezden gelmenizi gerektirmezler.

"Büyük Ben, Küçük Ben" alıştırması (bkz. Şekil 5) yararlı olabilir. Büyük bir I harfinin içini boş bırakarak ana hatlarını çizin -bu bir bütün olarak sizi temsil edecektir- sonra bunun içini kişiliğinizin farklı yanlarını temsil eden küçük b'lerle doldurun. Örneğin; "Ben nazik biriyim", "Ben düşünceliyim", "Ben şarkı söyleyebilirim", "Ben yemek yapabilirim", "Benim iyi bir mizah anlayışım var".

Kişiselleştirme ve suçluluk

Kendinizi (ya da başkalarını) suçladığınızda, her şeyin sizin suçunuz olduğuna inanıp kendinizi kötü hissettiğinizde, bir 'sorumluluk pastası' (bkz. Şekil 6) çizin. Karşınıza çıkan durumu her açıdan görmeye çalışın ve sonucu etkileyen kaç etken ve/veya kişi olduğunun düşünün. Pastayı parçalara ayırdıkça, olayları oluşturan çok büyük bir ağın sadece küçük bir parçası olduğunuzu göreceksiniz. Sadece size düşen kısım için sorumluluk hissedin, bunu bir dahaki sefer için öğrenmeye ve uygulamaya çalışın ve başkalarıyla kendilerine düşen sorumluluk hakkında konuşun.

Hangi eylemlerin kime ait olması gerektiğini bulduğunuzda, size düşenlerin sorumluluğunu üstlenin ve başkalarına ait olan sorumlulukları onlara iade edin. Belirlediğiniz kişi ve/veya alanlara 100 üzerinden bir yüzde verin.

Aşağıda kendinize sormanızda fayda bulunan bazı sorular bulacaksınız.

Olay nedir?

Sinemaya zamanında yetişemediğim için kız arkadaşım bana kızdı, bu yüzden suçluluk duyuyorum ve bunun sorumlusunun ben olduğumu düşünüyorum. Ona trafiğe takıldığımı söyledim, ama yine de hayal kırıklığı duyuyor.

Ne yapmaya çalıştınız?

Onu aramaya çalıştım, ama telesekreteri çıktı. Cep telefonundan aradım, bu sefer de mesaj servisiyle karşılaştım. Hâlâ işte olabileceğini düşündüm, ama orada da değilmiş.

Bu olayda sizin rolünüz nedir?

İşyerinde düşündüğümden daha fazla kaldım ve çıkarken yeteri kadar acele etmedim. Ben = % 30

Diğer şartlar ya da insanların rolü ne?

Kız arkadaşım buluşma saatimizi değiştirmişti ve buna uyabilmek için birkaç randevumu değiştirdim. Bu değişikliği doğrudan bana sorarak değil, mesaj bırakarak yapmıştı. Randevu saatini değiştirmenin benim için uygun olup olmadığını kontrol etmedi. Kız arkadaş = % 30

Yolda trafiği yavaşlatan acil bir kazı çalışması vardı. Kazı çalışması = % 40

Felaket tellallığı

Kullandığınız duygusal dili fark edip bunu yumuşatın. Her şeyin korkunç, felaket ya da kabus olduğunu düşünmekten vazgeçin. Felaket tellallığından vazgeçmeniz, olayların zor, çetin ya da acı verici olmadığı anlamına gelmez. Olaylara gerçek bir bakış açısı getirebilecek sözler kullanmaya çalışın. Kendinize, "Gerçekten daha kötü ne olabilirdi?" diye sorun.

Olumsuz Düşünceler-Yaşam Kurallarınız

Bazı kişiler, kendileri hakkında olumsuz düşünmeyi tercih ederler. Örneğin; felaket, değersiz, kötü

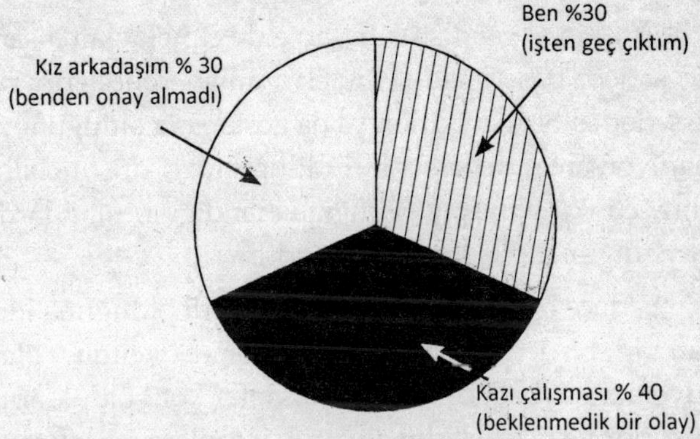

Şekil 5 Sorumluluk pastası

biri, aptal, sevimsiz, ya da gösterişsiz olduğunuza inanabilirsiniz. Bu temel inançlar, davranışlarınızı motive etme ve günlük yaşamdaki eylemlerinizi biçimlendirme konusunda önemli bir rol oynarlar. Bu inançlar, günlük varlığımızı nasıl yönlendireceğimizi belirleyen kurallar olarak görülebilir.

Yaşam kurallarına şöyle bir örnek verebiliriz; yeterince iyi olmadığınızı düşündüğünüz için, bütün hayatınız boyunca üstün başarı elde etmeye ve insanları memnun etmeye uğraşarak, bunu telafi etmeye çalışırsınız. Hayatınızı, "Bunu doğru yapmalıyım yoksa hiçbir şey elde edemem ve bu benim suçum olur" diye düşünerek geçirebilirsiniz. Ya da başkalarından gelen eleştirileri başarısız olduğunuzun bir işareti olarak görürsünüz; "Annem yaptığımı beğenmediği için beni eleştirdi, tam bir fiyaskoyum."

Yaşam kuralı üstün başarı elde etmek olan insanlar, sadece başarı 'elde ettikleri' zaman kendilerini iyi hissederler. Şişman, çirkin ya da gösterişsiz olduğunuza inanıyorsanız, değersiz biri olduğunuzu düşünebilirsiniz, çünkü olması gerektiğine inandığınız standarda uymadığınızı düşünüyorsunuzdur.

Sadece başarı elde ettiğinde değerli olduğuna inanan biri, birden işi bırakmaya zorlanırsa kendine olan güvenini kaybedecektir. Bazı insanlar kötü olduklarını düşünür ve maskelerini düşürüp insanlara gerçek yüzlerini gösterdiklerinde sevilmeyeceklerine ve sahtekar olarak görüleceklerine inanırlar. Temel inançlarınızı belirlemeniz yararlı olacaktır, böylece kendinizi algılayış biçiminizi değiştirmek için, bu kitapta anlatılan karşı tedbirleri kullanabilirsiniz.

Kendinize, başkalarına ve hayata dair inançlarınız; ailenizden, arkadaşlarınızdan ve dış dünyadan aldığınız mesajlarla şekillenir. Zaman içinde belirli bir şekilde düşünmeye koşullanmışsınızdır ve inançlarınızı değiştirmeniz vakit alır; fakat ne yazık ki, gerekli olan bu vakit, sizin bu değişimi ne kadar çok istediğinize bağlı değildir.

Güveninizi Kıran Talepler

Kendimizden '-meli', '-malı' diyerek beklediğimiz üç tür talep vardır. Bunlar:

- Kendimize dair talepler. Örneğin; "Her zaman doğru yapmalıyım" (stres, endişe, utanç ve suçluluk yaratır).
- Başkalarına dair talepler. Örneğin; "Düzgün davranmalısın, yoksa çok kötü olur" (öfke yaratır).
- Hayata dair talepler. Örneğin; "Hayat insaflı ve adil olmalı" (kendine acıma, bağımlılık yapan davranışlar ve depresyon yaratır).

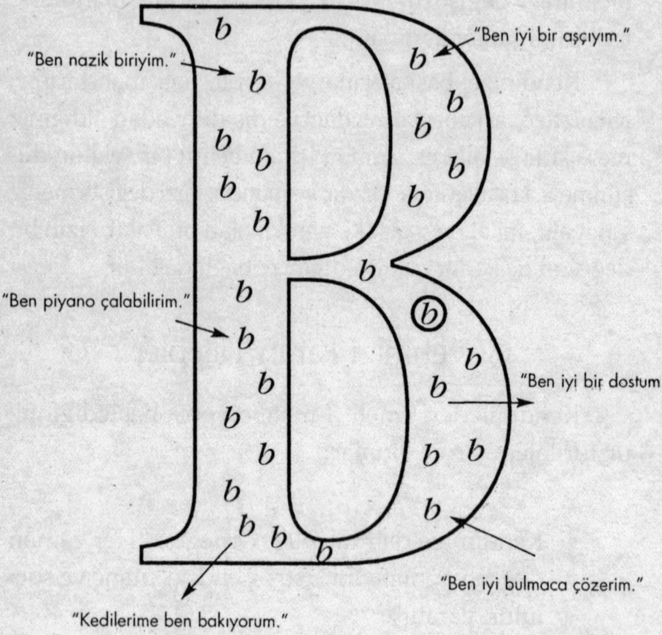

Şekil 6: Büyük Ben, Küçük Ben

ALIŞTIRMA

Taleplerimi belirlemek

Kişisel '-meli', '-malı'larınızı ve bunları dayandırdığınız inanç türlerini belirlemek için, kendinize aşağıdaki gibi bir "Yapmalıyım, yoksa olurum" listesi hazırlayın.

Kendimize dair talepler

..................malıyım, yoksa...............

Örneğin; güçlü ve kabiliyetli olmalıyım, yoksa tam bir fiyasko olurum.

Başkalarına dair talepler

....................malısın, yoksa...................

Örneğin; benimle aynı fikirde olmalısın, yoksa ben yanılmış olurum ve bu da çok kötü olur.

Hayata dair talepler

Hayat................malı, yoksa....................

Örneğin; iyi çalışır ve elimden gelenin en iyisini yaparsam, hayat bana iyi davranmalı, yoksa bu hiç de adil olmaz.

Kendinizden, başkalarından ve dünyadan beklediğiniz kişisel taleplerinizi belirlediğinizde, daha önce olumsuz otomatik düşüncelerinizi belirledikten sonra yaptığınız gibi, bunların da üstesinden gelmeye başlamalısınız.

ALIŞTIRMA

Taleplerinizin üstesinden gelmek

Aşağıda belirtilen yollarla kendinize dair taleplerinizin üstesinden gelebilirsiniz.

- Talebinizin, sizin üzerinizde ve çevrenizde yaptığı etkiyi düşünün.
- Talebinizin ne zaman harekete geçtiğini, nasıl anladığınızı belirleyin (yani, yaşadığınız düşünceler, duygular, davranışlar).
- Talebinizin nasıl ortaya çıktığını ve bunu destekleyen yaşam şartlarını düşünün.
- Taleplerinize bağlı kalmanızın avantajlarını ve dezavantajlarını değerlendirin.
- Talebinizi başka bir şekilde ifade edebileceğiniz daha uygun bir yol düşünün.
- Yeni talebinizi nasıl eyleme geçireceğinizi düşünün.

Ya bir talebi tanımlayamıyorsam, ama varlığından şüpheleniyorsam?

Bazen kendinize, "Berbat davrandım" ya da "Doğru değildi" dediğinizi fark edebilirsiniz. Böyle ifadeler kullandığınızda, ilk bakışta bunların altında yatan bir çekirdek inanç olduğunu fark edemezsiniz. Herhangi bir olayın çok güçlü duyguları harekete geçirdiğini hissedebilirsiniz ve olumsuz otomatik duygularınızı fark edip, bunları bastırmış olsanız bile, yine de kendinizi mutsuz hissetmeye devam edebilirsiniz. Eğer durum böyleyse, kendinize arkeolojik bir kazı yapıyormuşçasına bir dizi soru sorarak, derinlerde yatan inancı ortaya çıkarmaya çalışın. Bazen düşüncelerinizi uzun bir zincirin ilk halkası, çekirdek inancı da son halkası olarak görmek işinize yarayabilir. Zincirdeki her halkayı tek tek tanımlamanız gerekebilir, böylece zincirin sonundaki çekirdek inancınıza ulaşabilirsiniz.

Örneğin:

	Olay	Patronunuz size terfi önerdi, ama ç abucak reddettiniz.
	Duygu	Endişe.
	Düşünce	Asla, kesinlikle kabul edemem!
1	*Kendinize sorun*	İşi kabul etmenin nesi korkunç?
	Cevap	Yapılacak çok fazla şey olacaktır.

2	*Kendinize sorun*	Bunun doğru olduğunu farz edelim, bu ne anlama gelir?
	Cevap	İnsanlar bana bakacaktır.
3	*Kendinize sorun*	Bana bakarlarsa ne olur?
	Cevap	Taleplerini karşılamam gerekecektir.
4	*Kendinize sorun*	Ya karşılamazsam ne olur?
	Cevap	İnsanlar bana güler.
5	*Kendinize sorun*	İnsanların bana gülmesi benim için ne anlama gelir?
	Cevap	Aptal olduğumu düşünürler.
6	*Kendinize sorun*	Aptal olduğumu düşündüler diyelim, sonra ne olur?
	Cevap	Ne kadar sersem biri olduğumu anlayacaklar, o yüzden kendimi o konuma sokmamalıyım.
7	*Kendinize sorun*	Kendimi o konuma sokmamak ne demek?
	Cevap	Riske girmemeliyim, yoksa insanlar aptal olduğumu anlarlar.

Bir çekirdek inanca eriştiniz. Bu durumda çekirdek inancınızın "Riske girmemeli ve kendimi gülünç duruma düşürmemeliyim, yoksa insanlar aptal olduğumu anlar" olduğu görülmektedir.

Özet

Hayatınızı biçimlendirmede, yıkıcı düşüncelerin oynadığı rolü anlamak için; otomatik düşünceler, talepler/yaşam kuralları ve çekirdek inançlar arasındaki etkileşimi değerlendirmeliyiz. Çekirdek inançlar; temelde kötü, değersiz ya da başarısız olduğunuzu düşünerek kendiniz hakkında vardığınız sonuçtur.

Otomatik düşünceler, içinde bulunduğunuz durumlarla tetiklenir. Örneğin; istemediğiniz bir şeyi yapmanız istendiğinde, "Annemin istediğini yapmalıyım" diye düşünmeniz. Talepleri anlayabilmenin bir başka yolu da, onları 'eğer/o zaman' kuralları olarak görmektir. Örneğin; "Eğer hep insanları memnun eder ve isteklerini yaparsam, o zaman benim hakkımda iyi düşünürler." Çekirdek inançlar, kendimiz hakkında sahip olduğumuz mutlakiyetçi inanışlardır. Örneğin; "Annemi memnun edemedim ve benim hakkımda iyi düşünmüyor, yani ben berbat biriyim".

Bunu anlamanın basit bir yolu, Şekil 7'de üç-aşamalı model ile gösterilmiştir.

Kendinizi Sevmeyi Öğrenin

Bu sayfalarda anlatılan ipuçları, "Akılcı Duygusal Davranış Terapisi" ya da kısaca "REBT" denilen bir terapinin prensiplerine dayanmaktadır. Kendinizi sevmeyi öğrenmeniz gerekir ve bunu yapabilmeniz için de kendinizi kabullenmeniz gereklidir. Kendini kabullenme sürecine başlamak için, pratik öneriler ve yollar mevcuttur. Kendini kabullenme, çaba gerektiren bir süreçtir ve kendinizi olduğunuz gibi sevmeyi öğrenmeniz için, bu çabayı sarf etmeniz gerekecektir. Kendini kabullenme güveninizi de arttıracaktır.

Kendinizi sevmenize yardımcı olacak ipuçları

- İnsanoğlunun mükemmel olmadığını ve buna 'sizin de dahil olduğunuzu' unutmayın! Yüzde 100 doğru, iyi, yetenekli ya da güçlü birinin olması söz konusu değildir. Eğer hayatınızı mükemmelliğin varolduğuna inanarak geçirirseniz, her zaman hayal kırıklığına uğrarsınız, mutsuz ve stresli olursunuz ve her zaman depresyona girme tehlikesiyle karşı karşıya kalırsınız. Bir şeyleri doğru yapmaya çalışmanızda; iyi bir çalışan, öğrenci, aile, eş ya da arkadaş olmayı istemenizde bir gariplik yoktur. Kendinize gerçekçi bir şekilde yüksek standartlar koyabilirsiniz, ama gerçekleşmesi mümkün olmayan mükemmeliyetçi standartlar seçmemelisiniz.
- Yeteneklerine bakılmaksızın herkesin eşit olduğu düşüncesini kafanızda şekillendirin. Birilerinin sizden daha üstün yeteneklerinin ya da daha

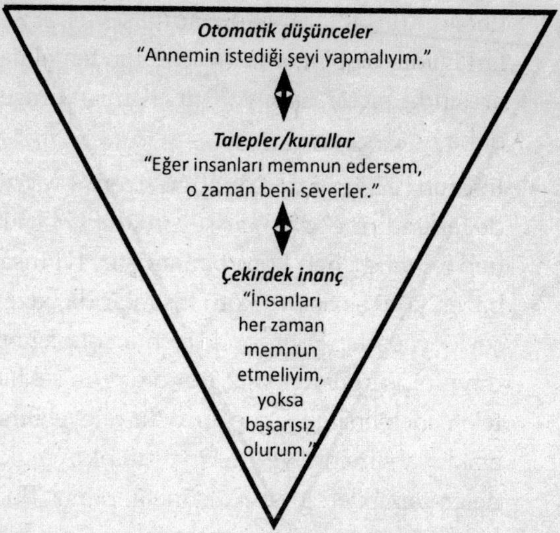

Şekil 7

üstün becerilerinin olması mümkündür, ama bu onu 'daha iyi biri' yapmaz. Kendinizi başkalarıyla kıyaslamaktan vazgeçin, bu yalnızca kızgınlık, hüsran ve hayal kırıklığı yaratacaktır. Eğer birine yaptığı bir şey için hayranlık duyuyorsanız, ne kadar kaliteli olduğunu ya da bu işi nasıl yaptığını düşünmeniz, anahtar bileşenleri çözümlemeye çalışıp bunları kendinize örnek almanız ve karşınızdakinin yaptığı şeylerden ders çıkarmanız normaldir. Birini örnek almanız, kendinizi onunla kıyaslamanızla aynı şey değildir. İnsanların yapabildiği şeyler arasında farklılıklar olabilir, ama her insanın temel değeri arasında hiçbir fark yoktur. Kimse kimseden daha iyi değildir.

- İnsanın iyiliği ya da kötülüğü üzerine 'evrensel değerlendirme' diye bir şey yoktur. Hiç kimse hep iyi ya da hep kötü olmamıştır. İyi insanlar bazen kötü şeyler ve kötü insanlar da bazen iyi şeyler yaparlar. Sonrasında pişman olacağınız bir davranış sergiliyorsanız, bunu uygun şekillerde telafi edebilirsiniz. Örneğin; özür dileyebilirsiniz, açıklayabilirsiniz ve işleri yoluna koymak için neler yapabileceğinizi düşünebilirsiniz. Bununla birlikte, sonradan pişman olacağınız bir şey yapmak, sizi kötü biri yapmaz; tıpkı tek bir iyi eylemde bulunmanın kimseyi melek yapmayacağı gibi. Kendinize ve/veya başkalarına böyle ya hep ya hiç olarak yaklaşırsanız hem kendiniz, hem de başkaları üzerinde gerçekçi olmayan bir baskı yaratırsınız.
- Aşırı genelleme (bkz. Sayfa 57) ile davranışınızı tek bir açıdan abartırsınız. Örneğin; "Hata yaptım, o yüzden değersizim". Eğer kendinize güven oluşturmayı umuyorsanız, davranışınızın bir kısmına bakarak kendinizi bir bütün olarak yargılamamayı öğrenmeniz oldukça önemlidir. Örneğin; "Bir hata yaptım ve bunun için üzgü-

nüm, ama bu beni kötü biri yapmaz." Her şeyi orantılı tutun. Bazı şeyleri oranlarının üzerinde abartmak, zaman ve enerji kaybettirir. Kendine güvenen insanlar sadece olaylarla ilgilenirler.

- '-meli' ve '-malı' diye düşünmekten vazgeçmeye çalışın, çünkü bunlar kendinize karşı koşullu bir bakış açısı oluşturmaktan başka bir işe yaramazlar. –meli, -malı'ları bırakmak, sorumluluklarınızı ihmal etmeniz anlamına gelmez; sadece kendinizi aşağı çekmekten vazgeçmeniz anlamına gelir.
- Kendini kabullenmenin zor bir iş olduğunu unutmayın. Gerçekleşmesi için enerji, kesin kararlılık ve tutarlı çaba gereklidir.

Ayrıca şunlar da gereklidir:

- Kendinize saygı duymayı öğrenin; siz de herkes kadar değerlisiniz.
- Sağlığınıza yararlı bir yaşam tarzı benimseyin; çok çalışarak kendinizi hasta etmenin ya da bedeninizi hor kullanmanın bir anlamı yoktur. Eğer böyle yaparsanız güveninizi kaybedersiniz ve olasılıkla ömrünüzü kısaltırsınız.
- Destekleyici ilişkiler içerisine girin ve sayfa 34'te anlatılan yaşam denetimini yapmayı sürdürün. İlişkileriniz için çaba harcayın ve bir çiçek yetiştirir gibi özenli dostluklar kurmaya çalışın.

Arkadaşlıklara özen göstermek, karşınızdakinin hissedeceği ve size göstereceği sevgi ve ilgiyi on kat arttırır.

- Özellikle hayatınızı ve güveninizi geliştirmek için hazırlanmış hedefler belirleyin. Yıllık yaşam denetiminizi yaptığınızda, kendinize o yıl için bir dizi hedef koyun. Neyi değiştirmek istediğinize ve bunu nasıl yapacağınıza karar verin. Yaptığınız değişiklikler ve kendiniz hakkında öğrendikleriniz, sizi hep yeni yaşam becerileri edinmeye ve güveninizi arttırmaya götürecektir.
- Değişimin bir gecede gerçekleşmeyeceğini ve olumsuz tutumlarınızı aşmak için sürekli çalışmanız gerektiğini unutmayın. Bunu birçok kez tekrarladığımın farkındayım, ama bu o kadar önemli ki! Çok fazla beklenti içine girip, çok hızlı bir değişim uman ve değişimin zaman gerektirdiğini unutarak gelişimini zedeleyen birçok insan gördüm.
- Kendinize zaman ve para harcayın; siz buna değersiniz! Kendinizi şımartmayı öğrenin. Muhtemelen başkalarını şımartıyorsunuz, o halde neden kendinizi şımartmayasınız? Çoğu insan kendilerine zaman ayıramadıklarını söyler; yine de onlarla konuşup, kendilerine zaman yaratmaları için zorladığımda, bunu başardıklarını

gördüm! Haftada sadece iki saat bile olabilir, ama bu size ayrılmış bir zamandır.

- Kendi hayatınız için sorumluluk almanız gerektiğini unutmayın. Olaylar için başkalarını ya da 'kötü şansı' suçlamak kolaydır. Bununla birlikte, durum ne kadar kötü olursa olsun, seçenekleriniz 'vardır'. Bazen 'kurban rolü' oynamak kolay olabilir. Bazen kendinize, benim 'tedavi edici tokat' dediğim şeyi atmanız gerekebilir. İşler yolunda gitmediği zaman, ne hissettiğinizi düşünmeniz, duygularınızı uygun şekilde ifade etmeniz ve başkalarından yardım istemeniz yararlı olabilir. Kendinize acıyarak zaman harcamanızın size bir faydası dokunmayacaktır. Kendinize ilgi göstermekle kendinize acımak arasında çok büyük bir fark vardır.

Belirli bir davranışı yapmaya devam etmenizin size bir kazanç sağlayıp sağlamayacağını düşünün. Örneğin; bütün kararlarınızı sizin yerinize başkalarının almasına izin verirseniz, kazancınız hiçbir zaman 'yanılmamak' olabilir ve işler kötü gittiğinde onları suçlayabilirsiniz.

İyi yanlarınızı takdir etmeyi öğrenin

Eğer uzun zamandır güven eksikliği duyuyorsanız, iyi yanlarınızı belirlemek ve takdir etmek zor olabilir.

Sayfa 79 ve 81'e geri gidip, eğer hâlâ yapmadıysanız "Büyük Ben, Küçük Ben" alıştırmasını tamamlayın. Daha fazla yardıma ihtiyacınız olursa kendinize aşağıdaki soruları sorun.

- Neler yapma yeteneğine sahibim?
- Kendimle ilgili neleri beğeniyorum?
- Hayatta ne öğrendim?
- Başka biri beni nasıl tanımlar?

Özgüvenli Düşünme Becerileri Oluşturmak İçin Eylem Planım

Aşağıdaki sorular üzerinde tek tek düşünerek, özgüvenli düşünme becerileri için eylem planınızı tamamlayın.

1. Zaten ustalıkla kullanabildiğim özgüvenli düşünme becerileri nelerdir?

....

....

....

....

2. Hangi özgüvenli düşünme becerileri üzerinde daha fazla çalışmalıyım?

....

....

....

....

3. Özgüvenli düşünme becerilerimi nerede ve nasıl çalışabilirim?

....

....

....

....

4. Bu becerileri gerçekten çalışabildiğimden nasıl emin olacağım? Karşıma neler çıkabilir?

....

....

....

....

5. Gelişimimi kontrol edeceğim tarih ne olmalı?

....

....

....

....

4
Özgüvenli Duygular

Hayattaki hatalarımızın yarısı; düşünmemiz gereken yerde hissetmemizden ve hissetmemiz gereken yerde düşünmemizden kaynaklanır.

J. Churton Collins
(1848-1908)

Duygusal Zekanızı Kullanın

1990'ların ortalarında Amerikalı psikolog Daniel Goleman, "Duygusal Zeka" terimini kullanan ilk kişi olmuştur. Duygusal zeka, duygusal yönden akıllı olmakla ilgilidir. Ne var ki, hayatta her zaman en yüksek zekaya ya da en iyi niteliklere sahip olan biri, en başarılı ya da en mutlu kişi olacaktır diye bir şey yoktur. Duygusal yönden zeki olan kişiler, kendilerinin ve diğer insanların duygularından en etkili şekilde faydalanmayı bilirler.

Duygusal zeka becerileri beş temel alana ayrılır.

1. Kendi duygularınızı tanımlamak

Duygusal yönden zeki olan kişiler, kendi duygularını tanımlayabilirler. Ne hissettiklerini başkalarına açıklamaktan korkmazlar ve "...hissediyorum" diye biten cümleler kullanarak duygularının sorumluluğunu üstlenirler. Duygusal farkındalık; duygunun bir his olduğunu ve hislerin de hayatımızın ayrılmaz bir parçası olduğunu öğrenmek demektir.

ALIŞTIRMA

Duygular bana ne ifade ediyor?

1 Aşağıda bir dizi olumlu ve olumsuz sözcük sıralanmıştır. Size en uygun olduğunu düşündüğünüz kelimeleri işaretleyiniz.

2 Seçtiğiniz sözcükleri ve neden onları seçtiğinizi düşünün.

3 Olumsuz sözcükleri olumlu olanlara çevirmek için nelerin değişmesi gerekir?

Olumlu	*Olumsuz*
Empatik	Sinirli
Sevecen	Kaygılı
Mutlu	Kıskanç

Neşeli	Bencil
Şefkatli	Pişman
Hevesli	Haset
Sıcakkanlı	Kızgın

2. Duygularımızı yönetmek

Duygular zor olabilirler ve duygusal yönden zeki olan kişiler kendilerine ne zaman özen göstereceklerini bilirler. Örneğin; zor bir gün geçirdiysem ve özel bir proje istediğimden farklı bir yöne gittiği için omuzlarım biraz aşağı düştüyse, bir arkadaşıma telefon ederim ya da eşimden beni kucaklamasını isterim. Üzgün olduğumun ya da hayal kırıklığına uğradığımın farkına varıp kendime özen gösteririm. Başkalarının duygularına özen göstermemiz gereken zamanlar vardır, fakat bunun yanı sıra, kendimizi ve başkalarını motive etmemiz gereken zamanlar da vardır.

ALIŞTIRMA

Duygularıma nasıl özen gösterebilirim?

Kendinize ve başkalarına özen göstermenin üç yolunu yazınız (örneğin; ılık bir banyo yapmak, bir arkadaşınızı aramak, birini konuşmaya teşvik etmek).

Kendimi	*Başkalarını*
1	....
2	....
3	....

3. Başkalarının duyguları

Yaşam insanlarla doludur; aile ve arkadaşlar, iş arkadaşları ve bir kez görüp bir daha hiç görmediğimiz insanlar. Duygusal yönden zeki insanlar, başka insanların duygularını anlama yeteneklerini geliştirmişlerdir. Zeki biri, 'empati' (dünyayı bir başkasının gözünden görmenin nasıl bir his olduğunu hayal etme) gibi becerileri kullanarak, karşısındakinin nasıl hissettiğini anlar ve böyle bir yaklaşım daha fazla işbirliği içeren bir ilişkinin oluşmasını destekler.

ALIŞTIRMA

Nasıl empati gösterebilirim?

Empati duyduğunuz kişileri ve olayları düşünün. Arkadaşlarınız arasından seçim yapabilirsiniz veya filmlerden ya da televizyondan tanıdığınız karakterleri kullanabilirsiniz. Bazen hayali karakterlerle empati kurmak daha kolaydır. Seçtiğiniz kişilerle neden empati kurduğunuzu düşünün. Başka birinin yerinde olmanın nasıl bir şey olabileceğini düşünmenize yardımcı olan, kendi hayatınızda yaşadığınız bir şey olabilir mi?

Empati kurduklarım	*Bu kişilerle empati kurma nedenlerim*
....	....
....	....
....	....

Şimdi, başkalarıyla empati kurduğunuzu gösterme yollarının hepsini yazın (örneğin; karşınızdakine tüm dikkatinizi vermek ya da belirli sözler kullanmak).

....

....

....

....

....

....

4. Kendinizi motive etmek

İstediğinizi elde etmeniz konusunda 'motivasyon' anahtar kelimedir ve bazen yolunuza güçlü duygular çıkabilir. Kimi zaman kendi ihtiyaçlarınızı ertelemeniz ve daha sonra hesaplaşmayı tercih etmeniz gerekebilir. Bazı insanlar kendilerini şu anki duygularına öylesine kaptırırlar ki, daha büyük bir tabloyla karşı karşıya olduklarını unuturlar.

ALIŞTIRMA

Kendimi ve/veya başkalarını motive ettiğim durumlar

Hem kendinizi, hem de başkalarını motive ettiğiniz iki olay düşünün. Özellikle güçlü duyguların söz konusu olduğu durumları düşünün. Güçlü duygularla nasıl başa çıktınız, böylece olayı nasıl kontrol altında tutarak çözebildiniz?

Olay 1

Ne oldu?..

Ne yaptım: ....

Olay 2

Ne oldu? ....

Ne yaptım: ....

5. Etkin ilişkiler

Hayat ilişkilerle dolu olduğu için, mutlu ve verimli ilişkiler kurulmasına yardımcı olabilecek davranışlar olduğunu ve bazı davranışların da bunları mahvedeceğini bilmek önemlidir.

ALIŞTIRMA

Olumlu ilişkiler kurma yolları

Olumlu ilişkiler kurmak için altı yol yazın (örneğin; insanları düzenli olarak aramak, özel günleri hatırlamak ya da bir arkadaşınızın sorunlarını dinlemek).

1 ....

2 ....

3 ....

4 ....

5 ....

6 ....

Kendinizi ve Başkalarını Övmek

Sizden düzeltmeniz gereken altı şeyi yazmanızı istesem, muhtemelen zorlanmazsınız. Fakat sizden son zamanlarda iyi yaptığınız ya da kendinizde olmasından memnun olduğunuz altı şeyi yazmanızı istesem, olasılıkla bunu yapmakta zorlanırsınız. Ne yazık ki, çoğu insan övgünün gücünü ihmal eder; oysa övgü motive eder.

Çoğu insan kendini ya da başkalarını överse, bunun gevşemeye ya da kendini beğenmişliğe yol açacağından korkar. Gerçeklikten bu kadar uzak bir efsanenin nasıl başladığını hep merak etmişimdir. Sürekli eleştirilen

Tablo 10: Bir hafta sonu zaman çizelgesi örneği

Saat	Cumartesi	Pazar
08:00-09.00	Kahvaltı ve gazete okuma.	Kahvaltı ve gazete okuma.
09:00-10:00	Marsha'yı ara.	Anne ve babayı ara.
10:00-11.00	Süper markete git.	Parkta yürüyüş yap.
11:00-12:00	Mary'le buluşup bir kahve iç.	Kafeteryada bir kahve iç ve kitap oku.
12:00-17:00	Mary ile vitrinlere bak.	John ve Jane'le öğle yemeğine çık.
17:00-19:00	Dışarı çıkmak için hazırlan.	Yarınki işler için hazırlan.
19:00-24:00	Josephine'lerde parti. Gece bir civarı yat.	Televizyon seyret. 23:30 civarı yat.

çocukların, güvensiz olma ve güven depolamaktan vazgeçme ihtimallerinin arttığı belgelenmiştir.

Basit bir "Teşekkür ederim", "Çok iyi yaptın", "Bunu yapış şeklini gerçekten beğendim" ve "Aferin" harikalar yaratabilir. Başarı başarıyı getirir ve iyi bir şey yaptığınızda ya da bir başkası yaptığında -kısmen iyi olsa bile- bu güvene giden yeni bir adımdır.

ALIŞTIRMA

Geçmiş övgü

Kendimi en son ....
....yaptığım zaman övdüm.

Bir başkasını en son ....
....yaptığı zaman övdüm.

Gelecek övgü

Kendinizi övebileceğiniz iki şey düşünün ve aşağıdaki cümleleri tamamlayın.

....
................yaptığımda kendimden memnun olurum.

....
....
....................yaptığımda iyi ettiğimi düşünürüm.

Şimdi alıştırmayı tekrar edin, fakat bu sefer başkalarını övebileceğiniz şeyler düşünün. Ne söyleyeceğinize karar verdiğinizde, bunu gerçekten karşınızdakine söylüyormuşsunuz gibi düşünün.

....

....

..................................yapmana memnun olurum.

....

....yaptığında çok iyi olduğunu düşünürüm.

ALIŞTIRMA

Mezar taşım

Aşağıdaki boşluğu mezar taşınıza bir kitabe yazmak için kullanın. Nasıl hatırlanmak isterdiniz?

....

....

....

....

....

Mezar taşınızı yazarken neler hissettiniz? Yazdıklarınıza bakın ve sözlerinizi gerçekleştirecek şekilde yaşayıp yaşamadığınızı düşünün. Değişiklikler yapmanız gerekiyorsa bunlar nelerdir ve onları değiştirmeye nasıl başlayacaksınız?

Başkalarının Duygularını Anlamak

Eğer başkalarının duygularını okuma ve anlama yeteneğine sahipseniz; insanlarla iletişim kurmakta ve insanların size karşı tutumlarını etkilemede büyük bir avantajınız var demektir.

Duyguları okumak şu anlama gelir:

- Beden dilini izlemek. İnsanların beden dili ve ses tonları nasıl hissettikleri hakkında çok şey söyler. Sizin beden diliniz de iletişim kurmak için bir araçtır. Beden dili bölümünü tekrar okuyun (bkz. Sayfa 21)
- Sözcükleri dinlemek. Sözcükler size ne diyor? Bazen insanlar size ne hissettiklerini söylerler (örneğin; "Kendimi hayal kırıklığına uğramış hissediyorum"). Bununla birlikte, insanlar size daha çok duygusal hikayelerinin sadece bir kısmını anlatırlar; daha çok sonradan renklendirmeniz gereken bir boyama kitabındaki boş çizimler gibi.
- Empati göstermek. Empati bir başkasının gözünden bakarak, dünyayı nasıl gördüğünü canlandırabilme yeteneğidir. Örneğin; birisi çok

çalıştı ve terfi edeceğini düşündü. Fakat terfisinin bir sonraki yıla ertelendiğini gördü. Aynı duruma hiç düşmemiş olsanız bile, çok çalışıp hayal kırıklığına uğramanın nasıl bir şey olduğunu tahmin edersiniz. Empati; "Buna kızmış görünüyorsun", "Gerçekten korktuğunu anlayabiliyorum" ve "Buna üzülüp üzülmediğini merak ediyorum" gibi ifadelerle belirtilebilir.

Güçlü Duygularla Nasıl Başa Çıkılır

Güçlü duygular bazen hem bunları yaşayan kişi, hem de o anda o kişinin etrafındakiler için rahatsız edici olabilir. Güçlü duygularla başınız derde girmemiş, onları sadece hayatın bir parçası olarak kabul etmiş olabilirsiniz. Fakat çoğu insan bu duyguları ifade etmekten ya da böyle duygular yaşayanların yakınlarında olmaktan rahatsızlık duyar.

Güçlü duygular arasında öfke, üzüntü ya da ağır duygusal sıkıntı sayılabilir. Bazen hissettiğiniz duyguların gücünden korkabilirsiniz. Örneğin; normalde sakin bir insansınızdır, ancak bir gün kontrolünüzü kaybederseniz ve oldukça dramatik bir şekilde davrandığınız için, kendinizi tamamen serseme dönmüş hissedebilirsiniz. Kızgın birinin etrafında olmak korkutucu olabilir, bazıları ağlayan ve üzüntülü insanlarla uğraşmayı zor bulurlar. Başkaları sizi üzgün bir halde gördüğünde utanç duyabilirsiniz. Sıkıntılı insanların etrafındaki kişiler ne yapacaklarını bilemedikleri için, çaresizlik ve utanç duyabilirler.

Ne zaman nasıl duygular yaşadığınızı anlamaya çalışan biriyseniz, olasılıkla sizi bozguna uğratacak güçlü duygular hissetmezsiniz. Duygularını bastıran ve hiçbir zaman kendine ve başkalarına itiraf etmeyen biriyseniz, o zaman bu duygular saklanıp birikir. Günün birinde çok fazla duygu depolanmış olur ve bastırma mekanizması çalışmayı durdurur ve ani bir taşma meydana gelir.

Ya da bazı insanlar bir başka aşırı uca yönelerek duygularını her zaman göstermeleri gerektiğine inanırlar. Bu insanlar fazla dramatik ve duygusal davranarak, insanların kendilerine karşı olan tutumlarını olumsuz yönde etkiler. Ayrıca duygusal zekadan da yoksundurlar.

Elbette güçlü duyguların anlaşılabilir olduğu zamanlar da vardır. Örneğin; çok değer verdiğiniz birinin öldüğünü ya da ağır hasta olduğunu duyduğunuzda veya şiddetli bir saldırıya karşı kendinizi savunmanız gerektiğinde.

ALIŞTIRMA

Güçlü duyguları tanımlamak

En son ne zaman güçlü bir duygu yaşadığınızı düşünün. Ne olmuştu? Ne hissetmiştiniz? Duygularınızla nasıl başa çıktınız ve sonuç ne oldu? Alıştırmayı tamamladığınızda tepkilerinize bakın ve kendinize yaptığınızdan memnun olup olmadığınızı sorun. Eğer sonuçtan memnun değilseniz, başka ne yapabilirdiniz onu düşünün.

Aslında ne oldu..

....

O zaman ne hissettim ....

....

O zaman ne yaptım..

....

Sonuç...

....

Başka ne yapabilirdim? ....

....

Güven-Kırıcı Olumsuz Duygular

Depresyon

Hayatta çoğu kez kendimizi kötü hissetmişizdir ve böyle zamanlarda hissettiklerimizi tanımlamak için 'sıkıntılı' sözünü kullanabiliriz. Kendimizi kötü hissetmemize neden olan bir ruh halinde olmak genelde kolayca geçen bir durumdur. Fakat bazı insanlar zamanla daha kötüye gidecek olan klinik depresyona girebilirler. Depresyon aşırı psikolojik ve duygusal taleplerden kaynaklanabilir ve stresli bir dönemden ya da travmatik bir olaydan sonra ortaya çıkabilir. Depresyon bazı insanlarda yineleyen bir hastalıktır.

Depresyon, gizli tiroit gibi fiziksel sorunlarla da tetiklenebilir. Buna ek olarak aşırı alkol tüketimi ya da uyuşturucu kullanımı da tetikleyici olabilir. Çoğu insan, alkolün kendilerini rahatlattığına inanır ve alkolü güveni arttıran bir araç olarak kullanır. Ne yazık ki, 'sinirlere' iyi gelmesi için düzenli olarak alınan içkiler sorunları çözmekten çok sorunlara neden olur. Bazı insanlar depresyona genetik olarak yatkındır ve depresyonun aileden geçebildiğine dair kanıtlar vardır.

Belli bir süre için depresyona giren kişiler, kendilerine neler olduğunu fark edemeyebilirler. Enerji seviyeleri düşer, iş performansları bozulur, etrafındakilerle iletişim kurma yetenekleri kaybolur ve 'yaşam kalitelerinde' düşüş gözlenir.

Depresyon ve güven birbirine bağlıdır. Eğer güven eksikliğimiz varsa, depresyona meyilli oluruz ve eğer depresyona girersek genelde güvenimizi kaybederiz.

Kendini kötü hissetmenin ötesinde depresyona girdiyseniz, sorunun farkına varmak önemlidir. Yardım istemek ise, depresyonu kontrol altına almak açısından kilit bir öneme sahiptir. Aşağıdaki kontrol listesi depresyona girip girmediğinizi anlamanıza yardımcı olacaktır. Eğer depresyondaysanız, öncelikle bunu ele almalısınız ya da en azından bir yandan güveninizi arttırmaya çalışırken, bir yandan da buna ağırlık vermelisiniz.

Depresyon kontrol listem

Tablo 9'daki belirtilerden beş ya da daha fazlasına 'evet' cevabı verirseniz, bu sizin depresyonda olduğunuza işaret edebilir. Doktorunuzdan randevu almanız ve profesyonel yardım talep etmeniz yararlı olacaktır.

Tablo 9: Depresyon kontrol listesi

Belirti	Evet	Hayır
Dalgın, üzgün, ağlamaklı hisler		
Günlük aktivitelere ilgisizlik		
Kilo kaybı/artışı		
Uyku problemleri		
Huzursuzluk/kaslarda seğirme		
Yorgunluk/genel bitkinlik		
Konsantrasyon güçlüğü		
Ölümle ilgili marazi düşünceler		
İntiharla ilgil idüşünceler		

Olumsuz düşünme

Bazı kişilerin depresyona genetik yatkınlığı olmasına rağmen, bu insanları depresyona sokan şeyin aslında düşünce tarzları olması daha olasıdır. Örneğin; araştırmalar iyimserler ve kötümserlerin düşünce biçimleri arasında farklılıklar olduğunu ortaya koymaktadır. Daha önce de belirtildiği gibi; iyimserlerin daha mutlu bir hayata sahip olmaları, daha doyumlu ilişkiler yaşamaları, daha uzun bir ömür sürmeleri ve daha çabuk iyileşmeleri daha olasıdır. Olumsuz düşünce tarzı, insanları sorunlarıyla ilgilenmekten alıkoyduğu için, depresyonu daha da kötüleştirir.

Günlük işler yapın

Depresyon sizi yavaşlatır ve günlük aktiviteler için bile daha çok çaba göstermeniz gerekir. Hiçbir şey yapmak istemezsiniz, evde oturup iletişimden kaçınırsınız. Yine de, günlük işleri yapabilenler daha çabuk iyileşir. Kendini kötü hissedenler ve güvensiz kişiler için de bu geçerlidir. Dünyayla ne kadar ilgilenirseniz, o kadar çok şey öğrenirsiniz, insanlarla kaynaşırsınız ve arkadaşlıklar kurma olasılığınız o kadar artar. Dışarı çıkmak istemediğiniz, ama mecbur olduğunuz için çıktığınız ve çok iyi vakit geçirdiğinizi fark ettiğiniz zamanları düşünün. Bu yüzden, yapmaya niyetlendiğiniz şeyler için bir zaman çizelgesi hazırlamanız iyi olacaktır.

Bir şeyler yapmak, kendinizi daha az yorgun hissetmenize yardımcı olur, ayrıca daha fazlasını yapmanız ve daha berrak düşünmeniz için sizi cesaretlendirir. Çoğu insan için yapılacakları bir kağıda yazmak bunların yapılmasını kolaylaştırır ve yapılacakların kontrol altında tutulmasını sağlar. Zorlayıcı aktivitelerle yapılması kolay olan aktiviteler arasındaki dengeyi sağlamak önemlidir. Kendinizi kötü hissettiğinizde, önceden severek yaptığınız şeyleri yapmayı bırakabilirsiniz. Zaman çizelgenizin bu tür aktiviteleri de içermesine özen göstermelisiniz.

Ertelemeyin

Ertelediğiniz şeylerin bir listesini yapmak da yararlı olabilir. Ertelemeler sorunlara neden olabilir. Bir şeyler yapmaya karar verip de yapmadıkça güven bankanızda, krediden çok borç biriktirmiş olursunuz. Eğer listenizde çok fazla şey varsa, hepsini bir anda yapamazsınız; o halde neden bunları zorluk derecelerine göre sıralamayalım.

Örneğin; 0-10 arası değerler verin
(0 = kolay, 10 = çok zor).

Spor salonuna gidilecek saatleri ayarlama	= 3
Okul ödevlerini tamamlama	= 7
Akşam bilgisayar kursuna yazılma	= 5

Bu listeyi hazırladıktan sonra, 3 ile 7 arasında değere sahip olan maddelerden başlayın. 7'nin üzerinde değere sahip olanlar başlangıç için size zor gelebilir. Tersine, 3'ten düşük olanlar da çok kolay olabilir.

Başarılarınızı kaydedin

Her zaman başarılarınız için kendinizi tebrik edin. Ne yapmanız 'gerektiğinden' çok, neleri 'başardığınızı' düşünün. Böyle bir kayıt tutmak, koyduğunuz hedeflerden kaçını başardığınızı ve bunlarda ne kadar başarı elde ettiğinizi gösterir. Herkesin kötü günleri olur, hiçbir şey başaramadığınızı ya da değiştiremediğinizi düşündüğünüz günler. Bu detayları günlüğünüzde tutarak hem gösterdiğiniz ilerlemenin yazılı kayıtlarına sahip olursunuz, hem de bunlar gelişiminizi gerçekçi bir şekilde değerlendirebilmeniz için size yardımcı olur.

Hareketlenin

Egzersiz yapmak, fiziksel olarak sağlıklı olmak dışında psikolojik ve duygusal esenliğimiz için de yararlıdır. Araştırmalar, hafif egzersizlerin bile olumlu bir etkisi olduğunu göstermektedir. Bu yüzden yaşam tarzınızı ve günlük egzersizlerinizi gözden geçirin ve bunları geliştirip geliştiremeyeceğinizi düşünün. Bir spor salonuna yazılmanız ya da kendinizi spor yapmak zorunda hissetmeniz gerekmez. Her gün birkaç kilometre hızlı bir yürüyüş yapmak ya da merdiven çıkıp inmek istenen sonucu verecektir. Egzersiz yapmak sadece stresi hafifletmekle kalmaz, aynı zamanda moralinizi yükseltir ve doğal olarak üretilen kimyasalların salgılanmasını sağlar.

Suçluluk

Suçluluk güveni kırar. Geçmişten ders alarak bu gün daha iyi şeyler yapabiliriz. Bununla birlikte kimse mükemmel değildir. Genellikle kendimizi suçlu hissettiğimizi söyleriz, fakat suçluluk, hissedilen bir şey olmaktan çok, bir düşünce sürecidir. Kendinizi suçlu hissettiğinizi söylediğinizde bu genellikle şu anlama gelir:

- Değer yargılarınızdan birini çiğnediniz. Örneğin; "Her zaman kendiminkilerden önce başkalarının duygularını düşünmeliyim".
- Sadece, yaptığınıza ya da yapmadığınıza inandığınız şeyin sonucunu düşünürsünüz. Örneğin; "Bunun olacağını bilmeliydim".

Bu tür suçluluk duyguları ya 'yaptığınız eylemlerle' ya da 'yaptığınız seçimlerle' ve bu seçimlerin sonuçlarıyla ilgilidir. Değer yargıları, hayatınızda uymaya gayret ettiğiniz ahlak yasalarının bir parçasıdır, oysa sonuç daha çok ne yaptığınızla ilgilidir.

Yalnızca varoldukları için suçlu olduklarını düşünen insanlar vardır. Kendini suçlu hisseden, fakat nedenini söyleyemeyenler bu tür bir suçluluk duyuyorlardır. Kişi dünyaya bakış açısını değiştirmediği sürece, bu tür suçluluk duyguları o insanda ömür boyu kalır.

Suçluluk hiçbir şeyi daha iyiye götürmediği için güven kırıcıdır, oysa pişmanlık gibi duygular olumlu eylemlere yol açarlar. Eğer bir hata yaptıysanız, onu düzeltmek anlamlıdır. Pişmanlık hisseden insanlar durumu düzeltmek için bir şeyler denemeye daha yakındır. Suçluluk duyan insanlar ise, hissettikleri suçluluk duygusunu kendilerine hatırlatan insanlardan, yerlerden ve eylemlerden kaçınırlar. Kendilerini sosyal hayattan soyutlayabilir ve nihayetinde depresif bir hale gelebilirler.

Suçluluk duygusuyla başa çıkabilmek için ipuçları

- Kendinize, ne için suçluluk duyduğunuzu sorun.
- Kendinize, bugün tamamen aynı durumla karşılaşsanız yine aynısını yapar mıydınız, diye sorun.
- Hangi çekirdek inançlar hayatınızı etkiliyor? Herhangi bir kişinin sürekli olarak bu çekirdek inançlara uygun bir şekilde yaşaması mümkün mü?
- Bu kitapta daha önce de bahsedilen özdeyişi hatırlayın; "İyi insanların başına da kötü şeyler gelebilir ve bazen iyi insanlar da kötü şeyler yapabilir".
- Düşünme biçiminizi, sayfa 54'de anlatılan yıkıcı olumsuz düşünceler açısından inceleyin.
- Sizin de yanılabilir bir insanoğlu olduğunuzu unutmayın.
- Başkalarının sorunlarını hafifletmeye yarayan bir şeyler yapabiliyorsanız, yapın.
- Dünyadan saklanmayın, çünkü bu sadece depresyona sebep olur.

- Kendinizi affetmeyi öğrenin; affetmenin bir seçenek olduğunu ve kendinizi affetmeyi seçebileceğinizi unutmayın.
- Olumlu noktalarınızı hatırlamak için sayfa 81'deki "Büyük Ben, Küçük Ben" alıştırmasını ve kimin neyden sorumlu olduğuna karar vermek için sayfa 79'deki "Sorumluluk Pastasını" kullanın.

Yarar-zarar analizi

Davranışlarınızı değiştirmeniz zor olabilir, özellikle de aylardır ya da yıllardır belirli bir şekilde davranıyorsanız. Hatta davranışınızı değiştirmek istediğinizden bile emin olamayabilirsiniz, çünkü belirli bir davranışa sahip olmak beraberinde bazı kazançlar getirebilir. "Yarar-Zarar Analizi" şu an hayatınızdaki bazı davranışların size sağladığı yararları değerlendirmenize yardımcı olabilir.

Olay kısmına yaşadığınız sorunu ve sayfanın sağ tarafına da olduğunuz gibi kalmanın size getireceği yararları yazın. Sonra sayfanın sol tarafına, olduğunuz gibi kalmanın size getireceği bütün zararları (duygusal, pratik, mali, vs.) yazın.

Tablo 11: Yarar-zarar analizi

İsim	Tarih
Olay	
Yarar	Zarar

Tablo 12: Tamamlanmış yarar-zarar analizi

İsim: Herhangi biri	**Tarih:** 08/09/2006
Olay: Hemen hemen hiçbir zaman kendi hakkımda açıkça konuşmam:	
Yarar	**Zarar**
• Yanlış yapmam. • Kendimi savunmam gerekmez. • Zor durumlardan kaçınabilirim.	• Çok fazla endişeleniyorum. • Başkaları hoşlanmadığım kararlar alıyor. • Kendimi zayıf hissediyorum.

Davranışınızın tüm yararlarını ve zararlarını yazdıktan sonra, aynı kalmayı ya da değişmeyi isteyip istemediğinize karar vermek için daha uygun bir konumda olacaksınız. Eğer değişmek istediğinize karar verirseniz, bundan sonra gerekli değişiklikleri nasıl yapacağınıza karar vermeniz gerekecektir.

Öfke

Sağlıklı duygular, duruma uygun düşen ve size ya da başkalarına zarar vermeyen duygulardır. Öfke, hayatımızda koruyucu bir rol oynar. Size bu doğal tepkiyi tamamen bastırmanızı önermiyorum. Öfke hayatınızı kurtarabilir. Bireysel ve toplumsal öfke birçok haksızlığı değiştirmiştir. Yalnızca, sağlıklı ve sağlıksız öfke arasında dünyalar kadar fark vardır. Sağlıksız öfke habistir ve genellikle kişiye ve/veya çevresindekilere zarar verir, ayrıca hiddete ya da şiddet içeren davranışlara dönüşebilir.

Buna ek olarak bazı araştırmalar, aşırı öfke ile koroner kalp hastalığı arasında güçlü bir bağlantı olduğunu ileri sürmektedir. Öfke, diğer bütün duygular gibidir; yeri ve zamanı olmalıdır ve uygun bir şekilde kullanıldığında enerji ve kararlılık duygusu yaratır. Yanlış kullanıldığında ise zarar verir.

Tablo 13: Öfke kontrol listesi

Belirti	**Evet**	**Hayır**
Sebepsiz öfke hissetme		
Öfkeyi başkalarına yansıtma		
İntikam alma hayalleri kurma		
İntikamla ilgili rüyalar ya da kabuslar		
Nesnelere vurma (örneğin; masalar, sandalyeler, duvarlar)		
Başkaları öfkeniz yüzünden endişe duyduklarını ifade etti		
Gerilim, diş sıkma		

Öfke kontrol listem

Eğer Tablo 13'deki belirtilerin herhangi birine 'evet' cevabı verdiyseniz, olasılıkla sağlıksız öfke yaşıyorsunuz ve profesyonel yardım almanız yararlı olabilir.

Size (ya da sevdiğiniz insanlara) iyi davranılmadığını ya da biri tarafından hayal kırıklığına uğratıldığınızı düşündüğünüzde öfkelenme olasılığınız artıyor olabilir. Çoğu örnekte, bu öfke duyguları zamanla azalır. Öfke, güven kırıcıdır, çünkü akıllıca kullanılmayan birçok diğer güçlü duygu gibi, kontrolü ele geçirme eğilimindedir.

Öfkeyle başa çıkmak için ipuçları

Eğer öfkenizden memnun değilseniz ve duygularınızı kontrol altında tutabilmek istiyorsanız, aşağıda öfkeyle baş edebilmeniz için verilen stratejilerden yararlanabilirsiniz.

- Bu kitapta anlatılan düşünme becerilerini kullanın. Örneğin; insanların davranışları hakkında çok fazla –meli, -malı diye düşünüyorsanız, kendinize bu şekilde düşünmenin gerçekten işe yarayıp yaramadığını sorun.
- Uzaklaşın. Öfkenizi kontrol etmekte zorlandığınızı hissettiğinizde, olaydan uzaklaşın ve sakinleşmek için zaman harcayın.
- Sayfa 136'te anlatılan gevşeme tekniklerini kullanın. Nefes alma egzersizini hepsinden daha faydalı bulabilirsiniz.
- Daha kararlı olmayı öğrenin, çünkü kararlı olmak ne hissettiğinizi ifade edebilmeniz için, size daha uygun yollar sunabilir.
- Alkolden uzak durun, çünkü duygularınızı daha da fazla abartmanıza neden olur.
- İlaçlardan uzak durun (doktor tarafından verilmediği takdirde). Amfetaminler ve kokain gibi yasadışı maddeler, daha öfkeli olmanıza yol açar.
- Üstesinden gelmenin zor olduğunu düşündüğünüz her olay için plan yapın.

Eğer öfkenin güveninizi etkilediğini düşünüyorsanız, 'öfke günlüğü' tutmanız sizin için yararlı olabilir. Bu günlük, değiştirmeyi dilediğiniz herhangi bir davranışınızı izlemek için kullanılabileceği gibi, aşağıdaki detayları kaydetmek için de kullanılabilir:

- Ne zaman öfkelendiğinizi.
- Öfkenizi tetikleyen şeyleri.
- Ne kadar öfke hissettiğinizi (0 = hiç, 10 = hiddetli ölçeğini kullanarak).
- O an aklınızdan nelerin geçtiğini ve ne yaptığınızı.

Üç hafta boyunca ya da daha uzun süreyle her gün en az bir kere bu günlüğe yazmanız, sahip olduğunuz duygu ve davranış modellerini ve öfkenizi tetikleyen olayların çeşitlerini tanımlamanıza yardımcı olacaktır. Bu günlük, aynı zamanda, öfkenizle nasıl başa çıkabildiğinizi de izleme fırsatı verecektir.

Kararlı olmanın rolü

Kararlı olmak, başkalarının hakkına saygı gösterirken kendi isteklerini de dile getirmektir. "Kazan-Kazan" senaryosu denilen durumu sağlamaya çalışırsınız, kendi eylemlerinizin sorumluluğunu üstlenirsiniz ve yaptığınız seçimleri kabul edersiniz. Daha kararlı biri olmak, başkalarıyla kurduğunuz iletişim yollarınızı güçlendirir.

Nasıl daha kararlı olabileceğinize dair daha ayrıntılı bilgi için 5. Bölüm'e bakınız.

Utanç ve küçük düşme

Utanç duyguları çeşitli biçimlerde görülebilir. Değer yargılarınızdan birini -bu kendinize dair bir değer yargısı olabileceği gibi, başka birinin taşıdığına inandığınız bir değer yargısı da olabilir- çiğnediğinize inandığınız için utanç duyabilirsiniz. Toplumun ya da belirli kişilerin hoş karşılamadığı bir şekilde davrandığınıza inandığınız için utanç duyabilirsiniz. Cinsel tercihi, heteroseksüel çoğunluğunkine uymayan bazı kişiler, bazen farklı olmayı dileyip (haksız bir şekilde) utanç duyabilirler. Olaylar karşısında felaket tellallığı yapabilirsiniz, bu şekilde hissetmenizin ya da davranmanızın 'korkunç' olduğunu söylersiniz; olayları böylesine korkunç olarak değerlendirmek, genellikle insanın kişisel zayıflıkları eleştirildiğinde görülür. Örneğin; "Kendimi kaybettiğimi görürlerse bu korkunç olur. Benim hakkımda ne düşünürler?"

Utanç duyan insanlar, kendilerine zayıflıklarını hatırlatacak yerlerden ve insanlardan kaçınma konusunda muazzam bir kapasiteye sahiptir. Utanç duygusunun bir başka ifadesi de, 'en iyi savunma şekli saldırıdır' görüşüne sahip olmaktır. Bu bakış açısına sahip olan insanlar utançlarını saldırgan bir tutum izleyerek sergilerler. Bütün bunlar, etrafınızdakilere davranış şeklinizi ve insanların size olan davranışlarını sınırlandırdıkları için güveninize zarar verecektir.

Küçük düşme hissi, bir şekilde itibarınızı kaybettiğinizi hissettiğinizde ortaya çıkar. Küçük düştüklerini hisseden insanlar, büyük bir intikam arzusu duyarlar. Küçük düşürülmelerinden sorumlu tuttukları kişilere zarar verebilirlerse, kendilerini daha iyi hissedeceklerine ve adaletin sağlanacağına inanırlar. Küçük düşme, utanç ve suçluluktan -özellikle de algılanan itibar kaybının sonucu olarak, insanların onlar hakkında ne düşünecekleri konusunda endişelenme sorunundan- doğan aynı türden düşünce süreçleriyle bağlantılıdır.

Utanç ve küçük düşme duygularıyla başa çıkmak için ipuçları

Kendinize sorun:

- Yaptığınız bir şeyin sonucu olarak birilerinin gözünden düşeceğinize gerçekten inanıyor musunuz? Evetse, neden?
- Eğer herhangi biri sizinkine benzer bir şey yaşasaydı, gözünüzden düşer miydi?

Eğer her iki soruya da 'hayır' cevabı verdiyseniz, neden aynı şey için başkalarını sorumlu tutmazken kendinizi sorumlu tutuyorsunuz?

Endişe

Birçok insan zamanının büyük bir kısmını hayat, evren ve diğer her şey hakkında endişelenerek geçirir! Endişe, korku üzerine kurulu olduğu için güven kırıcıdır. Hayatın sorunsuz geçmeyeceği ve endişe duyacağınız zamanlar olacağı gerçeği kaçınılmazdır. Örneğin; siz ya da sevdiğiniz biri hastalanıp da hastalığın tespiti için tahliller istendiğinde sonuçlar için endişelenmeniz mantıklıdır. Korkuya dayalı duygular hafif, orta ve ağır olarak değerlendirilebilir. Hafif korku, endişe olarak değerlendirilebilirken; ağır korku, aşırı endişe olarak görülebilir. Endişe, edilgenleştirir ve endişeli bir haldeyken güven oluşturmak ya da arttırmak imkansızdır. Herhangi bir güçlü duygu, özellikle de endişe, güvene giden yolda önünüze çıkan bir engeldir.

Yapıcı endişe

Bunları biliyor muydunuz?

- Endişelendiğiniz şeylerin % 38'i hiçbir zaman gerçekleşmez.
- Endişelendiğiniz şeylerin % 32'si gerçekleşmiştir.
- Endişelerinizin % 21'i havadan sudan şeyler üzerinedir.
- Endişelerinizin % 9'u endişelenmenizi gerektirecek önemlı şeylerle ilgilidir.

Endişelenmeyi tamamen bıraksanız, kendiniz, patronunuz ya da aileniz için değer kaybına uğrayabilirsiniz. Belirli bir miktar endişe ve gerilim size kendinizi daha iyi hissettirecektir, bu yüzden endişelenmeye devam edin. Şu % 9'a konsantre olun ve geri kalan % 91'i arkanızda bırakın.

Endişe defteriniz

Bir endişe defteri, yapıcı bir şekilde endişelenmenize yardımcı olur. Herhangi bir defter alın ve Tablo 14'teki başlıkları kullanarak sayfayı dört kısma ayırın.

Tablo 14: Endişe defteri

Olabilecek olaylar	Bugünün olayları
1. Bugün için endişeler (olabilecek şeyler): • Sue geç kalabilir. • Annem maaşını çekmemi isteyebilir. • Görevimin hakkını veremeyebilirim.	**3. Bugün için endişeler (önemsiz):** Süper markette kuyrukta beklerken, kasiyer kız sıra bana gelmeden kasayı kapatırsa diye korkma.
2. Bugün için endişeler (olmuş olan şeyler): • İşe geç kaldım. • Toplantıyı unuttum.	**4. Bugün için endişeler (önemli):** John (kocam) işini kaybedecek mi endişesi.

1, 2 ve 3. başlıkların altını yatmadan önce doldurun. 4. başlığı tamamlamak için, gün içinde kendinizi en güçlü ve en iyi hissettiğiniz zamanı seçin.

4. başlık, özel bir yorum gerektirir. 'Bir sorun hakkında kaygılanmakla onu çözemeyiz; bir şeyler yaparak çözebiliriz.' Çoğu insan yanlış karar verebilecekleri için, karar vermekten korkar. İnsanların unuttuğu, karar vermemenin yanlış bir karar verme olduğudur. Hiç harekete geçmeseniz bile, yine de 'bir şeyler' olacaktır! Bebeğini aldırıp aldırmamaya karar veremeyen genç bir bayanla çalıştığımı hatırlıyorum. Sonunda, eğer bu kararı ertelemeye devam ederse, istese de istemese de bir bebeği olacağı konusunda fikir birliğine varmıştık. Kontrolü -olabildiğince- ele almayı isteyip istemediğinize ya da sadece olayları akışına mı bırakacağınıza karar vermeniz gerekir. 'Her zaman' bir seçim vardır, kötünün iyisini seçmek zorunda olsanız bile.

Gevşeme

Kendinizi endişeli, öfkeli veya gergin hissettiğinizde ya da herhangi bir güçlü duyguya kapıldığınızda, bazı egzersizler yapmanız yararlı olacaktır. Gevşemenin birçok şekli vardır. Bazıları fiziksel çaba ya da hareket gerektirirken, bazıları nefes ve gözünde canlandırma tekniklerinden başka bir şey istemez. Aşağıda bilinen birkaç gevşeme tekniği verilmiştir.

'Kurtarıcı' nefes egzersizi

Birçok gevşeme egzersizi, dinlenmek için zaman ayırma ya da uzanma üzerine kuruludur ve sizi yaptığınız şeyden bir şekilde uzaklaştırır. Bu basit nefes egzersizi, her yerde hatta konuşmayı sürdürürken bile yapabileceğiniz ve kimsenin ne yaptığınızı fark etmeyeceği bir egzersizdir! Zor duyguların gerginliğini azaltmanıza, adrenalinin olumsuz etkilerini hafifletmenize ve sükunetinizi korumanıza yardımcı olacaktır.

Kurtarıcı nefes egzersizinin uygulanışı

- Burnunuzdan nefes alırken dörde kadar sayın.
- Nefesinizi ağzınızdan verirken beşe kadar sayın.
- Nefes verirken omuzlarınızı bilerek gevşek bir şekilde bırakın.

Nefes alıp verirken, nefesinizi kontrol etmek için karın kaslarınızı kullanın. Nefes alırken karnınızı şişirin. Nefes verirken karnınızı içeri çekin. Bu şekilde daha derin nefes alıp vererek, egzersizden maksimum yarar sağlayabilirsiniz.

Hiper Vantilasyon (Hızlı soluk alıp verme)

Endişeli olduğumuzda sığ nefesler alırız. Sığ nefes aldığımızda vücuda daha az oksijen gider ve çoğu kişi daha hızlı nefes alarak bunu dengelemeye çalışır. Bununla birlikte, çok hızlı nefes almak, başınızın dönmesine ya da bayılmanıza neden olabilir. Bu da hiper vantilasyon denilen duruma sebep olur.

Hiper vantilasyon, bir şekilde herkesin başına gelen 'aşırı-nefes' demektir. Örneğin; kaçan bir treni yakalamak için koştuğunuzda ya da normalden daha fazla oksijen gerektiren fiziksel bir çaba harcadığınızda daha hızlı nefes almanız zorunludur. Bununla birlikte, endişeli olduğunuzda aşırı nefes almaya başlayabilirsiniz ve bu da sorun çıkarabilir. Eğer kan dolaşımına çok fazla oksijen girerse, vücudun dengeli işleyişini bozar. Çok fazla oksijen demek, karbondioksit seviyesinin tükenmesi demektir ve son araştırmalara göre, kan damarlarının daralmasına ve sonrasında da baş dönmesine neden olan bu karbondioksit kaybıdır. Kurtarıcı nefes egzersizi sizi bu hiper vantilasyondan kurtarmaya yardımcı olur. Kontrollü bir şekilde nefes almak, sizi bu tatsız duyguyla uğraşmaktan kurtaracak olan anahtardır. Hiper vantilasyon, panik atak benzeri belirtiler getirebilir.

Bu nefes egzersizi, hiper vantilasyonun etkilerini en aza indirir. Bazı insanlar yanlarında bir kesekağıdı taşır ve hiper vantilasyonun etkisini hissettiklerinde, bu kesekağıdının içine doğru nefes alıp verirler. Nefes verdiğimizde dışarı karbondioksit veririz, bu yüzden kesekağıdından bu önceden vermiş olduğumuz karbondioksiti geri soluduğumuzda, kan dolaşımımızdaki oksijen seviyesini düşürürüz ve hiper vantilasyonun etkilerini azaltırız.

Nefes egzersizlerini her gün çalışmanız önemlidir. Bu egzersizi bir kere deneyip, sonra da kullanmak için ona ihtiyaç duyacağınız zamanı beklemek işe yaramaz. Nefes egzersizlerinizi gün boyu çalışın ve rahatlayın. Günlük hayatınızda işe yaradığını göreceksiniz; bu, her şeyden daha iyi bir stres kontrolüdür! Eğer egzersizi sık sık çalışırsanız, ihtiyaç duyduğunuzda işe yaradığını göreceksiniz.

Her zaman ve her yerde yapabileceğinize emin olana kadar yukarıdaki egzersizi çalışmaya devam edin.

Ger ve gevşe egzersizi

Kendinizi fiziksel olarak gergin hissettiğiniz zamanlar olabilir ve bu egzersiz sizi sadece gevşetmekle kalmaz, aynı zamanda kaslarınızı da geliştirir.

Ger ve gevşe egzersizinin uygulanışı

- Yere uzanın ya da bir sandalyede rahatça oturun.
- Ayaklarınızdaki bütün kasları gerin ve sonra gevşetin.
- Şimdi bacaklarınızdaki kasları olabildiğince gerin, sonra gevşetin.
- Germe ve gevşetme işlemini vücudunuzun her bölümü için tekrarlayın; kalçalar, karın, göğüs, kollar, boyun ve yüz.

Not: Hipertansiyon ya da kalp hastalığınız varsa, bu egzersizi yapmadan önce doktorunuza danışın. İmkansız denecek kadar az da olsa, bu tür egzersizler bir soruna neden olabilir.

Gözünde canlandırma

Önceki bölümde insanların farklı öğrenme biçimlerine sahip olduklarından bahsettiğimiz gibi, gevşeme tekniklerinde de insanlar çeşitli tekniklere farklı tepkiler verebilir. Bazı insanlar, hayal gücünü kullanmayı daha severek kabul eder ve gözünde canlandırma teknikleri dediğimiz teknikleri tercih eder.

Gözünde canlandırma tekniğinin uygulanışı

- Oturmak ya da uzanmak için güvenli bir yer seçin.
- Yılın en sevdiğiniz zamanında duvarlarla çevrili bir bahçede olduğunuzu hayal edin; çiçeklere, çalılara, ağaçlara ve diğer şeylere bakarak biraz zaman geçirin.
- Bahçe duvarlarının birinde, işlemeli, demir bir kolu olan modası geçmiş ahşap bir kapı fark ediyorsunuz.
- Oraya yönelip kapıyı açıyorsunuz.
- Kendinizi size ait, çok özel, güvenli bir yerde, kimsenin bilmediği bir yerde buluyorsunuz. Burası herhangi bir yer olabilir ve yalnız başınıza

olmayı ya da istediğiniz biriyle birlikte olmayı tercih edebilirsiniz.

- Orada olmanın keyfini çıkarın.
- Kendinizi hazır hissettiğinizde kapıya geri dönün. Özel yerinizin, her zaman, gitmeyi her istediğinizde orada olacağını bilerek oradan çıkın ve kapıyı arkanızdan kararlı bir şekilde kapatın.
- Bahçede yürüyün ve hazır olduğunuzda gözlerinizi açın.

Not: Bu egzersiz, ne kadar zaman ayırdığınıza bağlı olarak iki dakika ila yarım saat sürebilir.

Demir atın

'Demir atmak' bir nesneyle olumlu, rahatlatıcı, güven verici duyguları ilişkilendirmeniz anlamına gelir. Çoğu insan düzenli olarak kullandığı bir mücevheri seçer. Bununla birlikte eğer takı takmıyorsanız, bir parmağınızı ya da elinizin üzerini kullanabilirsiniz. Olumsuz duyguları güçlü bir şekilde hissettiğinizde, seçtiğiniz nesneye dokunarak onunla ilişkilendirdiğiniz duygulara odaklanın.

Demir atma egzersizinin uygulanışı

- Bir nesne seçin; bir yüzük, parmağınız vs.

- Gözlerinizi kapatın ve sizi mutlu eden, gevşeten bir eylemi, kişiyi ya da anıyı hatırlayın.
- Mutlu düşüncenizi düşünerek yüzüğü ovuşturun. Beş dakika ya da daha fazla süreyle bunu yapmaya devam edin.
- Birkaç dakika bekleyip süreci tekrar edin.
- Olumlu duygularınızı seçtiğiniz nesneye demirleyeceksiniz ve sadece o nesneye dokunmak bile size iyi duygular getirecektir.

Olumsuz duygularla başa çıkmak için betimleme kullanmak

Olumlu bir sonucu gözünüzde canlandırdığınızda, olumlu sonuç alma ihtimalinizin arttığını ileri süren bir araştırma vardır. Yardımcı görüntüler, kendinizi zor durumlara hazırlamanın bir yolu olarak kullanılır. Örneğin; biriyle karşılaşmanın ya da bir şey yapmanın düşüncesi bile sizi endişelendiriyor, öfkelendiriyor ya da gerilmenize neden oluyorsa bunu kullanabilirsiniz.

ALIŞTIRMA

Sizi rahatsız eden mevcut bir durum ya da gelecekte yaşayacağınız bir olay yoksa, sizi en son rahatsız eden olayı düşünebilirsiniz.

Örneğin; Julie, kendini rahatsız -endişeli- hissettiği kişilerden, yerlerden ve olaylardan kaçınmaktadır. Bunun güvenini kırdığını fark eder ve yaşam kalitesini arttırmak istiyorsa, bu durumlarla baş etmeyi öğrenmesi gerektiğine karar verir.

- Önce, kendinizi yanında ya da içinde bulunduğunuzda rahatsız hissettiğiniz kişilerden, yerlerden ve durumlardan oluşan bir 'korku listesi' hazırlayın. Hissettiğiniz rahatsızlığı derecelendirmek için 0-10 ölçeğini kullanın (0 = rahatsızlık yok, 10 = maksimum rahatsızlık).

Julie'nin listesi

Partilere gitmek	= 7
Yeni insanlarla tanışmak/bir akşam kursuna yazılmak	= 6
Patronumla terfi ihtimalimi tartışmak	= 4
Sunum yapmak	= 9

- Listenizi yaptıktan sonra, 7'nin üzerinde değerlendirmediğiniz bir şeyi seçin -daha yüksek değerde bir şeyi seçmek çok zor olabileceği gibi, çok düşük bir değer seçmek de yeterince zorlayıcı olmayabilir-. Ne de olsa, başarılı olmak istiyorsunuz ve çok zor bir hedef seçerseniz, kendinizi başarısızlığa mahkum edebilirsiniz.

Julie, patronuyla terfi ihtimalini görüşmeyi seçti, çünkü listesinde bunu 4 olarak değerlendirmişti; kendisini zorlayacak, fakat fazla aşırıya kaçmayacak bir hedef.

- Şimdi gözlerinizi kapayın ve görevinizin başlangıcında olduğunuzu hayal edin. Görüntüleri, sesleri ve kokuları canlandırmak için bütün duyularınızı kullanın. Ne söyleyeceğinizi ve ne yapacağınızı düşünün. Karşınızdaki kişi(ler)in neler söyleyebileceğini düşünün. Olayla başa çıkmanıza yardımcı olabilecek nefes alma, demir atma, kendi kendine konuşma gibi stratejileri kullanın.

Julie, patronunun kapısını çaldığını, konuşmak için uygun olup olmadığını sorduğunu hayal etti. Patronunun "Evet" deyip, onu içeri çağırdığını hayal etti. Sonra Julie kendisini, işi ve ilerleme isteği hakkında konuşurken hayal etti. Sırasıyla patronunun neler söyleyebileceğini ve kendisinin nasıl tepki vereceğini hayal etti. Julie 'kurtarıcı' nefes egzersizini, iddialı olma becerilerini, beden dilini ve yararlı olacak iç diyalogunu kullandı.

- Şimdi olayları böyle gözünüzde canlandırmayı iki ya da üç kez deneyin ve her seferinde olayla nasıl başa çıktığınızı hayal edin. Sadece hayal gücünüzü kullanıyor olmanıza rağmen, bu egzersizi yapmanın bile korkunuzu hafiflettiğini fark edebilirsiniz. Sanki beyniniz, yapmayı planladığınız bu şeyleri gerçekten 'yaptığına' inanarak kandırılmış gibidir. Bu egzersizi birkaç kez tekrarladıktan sonra yeni göreviniz bunu gerçekleştirmek olacaktır!

Julie bu egzersizi yapmaya devam etti ve duyduğu rahatsızlığın derecesinin 4'ten 2'ye düştüğünü fark etti. Sonra Julie egzersizi gerçeğe dökmeye karar verdi. Patronuyla konuşmaya başladığında endişesi tekrar 4'e yükselse de, kafasında çalıştığı rahatlama stratejilerini kullandıkça bunun çabucak düştüğünü gördü. Toplantının sonunda Julie ve patronu, sonraki altı ay boyunca Julie'nin belirli alanlarda bilgisini arttıracak bir eğitim programına katılmasını kararlaştırdılar. Ayrıca, patronu Julie'nin işyeri için ne kadar değerli olduğunu belirten bir geribildirimde bulundu ve bu da Julie'nin güvenini arttırdı.

Sık sık tekrar ettiğiniz takdirde, yukarıdaki alıştırmadan maksimum fayda sağlanabilir. Yeterince güven duyduğunuzda, kafanızda çalıştığınız stratejileri de kullanarak, bunu hayata geçirin. Hemen en fazlasını denemek avantajlı olmayacağı ve başarısızlık duygusu yaratacağı için, alıştırmalarınızı küçük, kullanışlı adımlara ayırın. Başarı, başarıyı getirir, bu yüzden küçük başarıları biriktirin.

Eğer hayal gücünüzü kullanmakta zorlanıyorsanız, gözünüzde canlandırma becerinizi geliştirmek ve hayal gücü 'kaslarınızı' güçlendirmek için aşağıdaki alıştırmayı deneyin. Hayattaki diğer her şey gibi yeteneklerinizi de çalışarak geliştirebilirsiniz.

- Geceleyin gökyüzüne baktığınızı hayal edin.
- Bir yıldız seçin ve parlamasını, sonra da sönükleşmesini seyredin. Bunu defalarca yapın.
- Bakalım yıldızı gökyüzünde izleyebilecek misiniz?

Özgüvenli Duygular Oluşturmak İçin Eylem Planım

Aşağıdaki soruları tek tek düşünün ve öğrendiklerinizin yardımıyla özgüvenli duygular oluşturmak için eylem planınızı hazırlayın.

1. Zaten kullanmakta başarılı olduğum özgüvenli duygular nelerdir?

....

....

....

2. Hangi duyguları, çalışma gerektiren duygular olarak belirledim?

....

....

....

3. Özgüvenli duygularımı nerede, nasıl ve kiminle çalışacağım?

....

....

....

4. Bu becerileri gerçekten çalıştığıma nasıl emin olacağım? Karşıma neler çıkabilir?

....

....

....

5. Gelişimimi kontrol edeceğim tarih ne olmalı?

....

....

....

5
Özgüvenli Davranışlar

Her zaman yaptığınız şeyleri yapmaya devam ederseniz, her zaman sahip olduğunuz şeylere sahip olursunuz.

Weight Watchers

Problem-Çözme Becerileri

Problemler karşımıza çeşitli şekil ve ebatlarda çıkar ve zor konularla baş edebilmek için donanımlı olmanız gerekir. Bununla birlikte, bazı insanlar karşılaştıkları zorluklar yüzünden bunalırlar. Endişe ve problemlerini nasıl çözeceğini bilemeyen bir yapıya sahip olmanız sizi engelleyebilir. Problem çözmeye uygun bir yapınız olsa bile, belirli alanlardaki teknik deneyimsizliğiniz yüzünden sonuca ulaşamıyor olabilirsiniz.

Bölüm 3'te gördüğümüz gibi, düşünce tarzınız, karşılaştığınız olaylarla ne kadar etkin bir şekilde başa çıktığınızı etkiler. Çoğu kişi için 'problem', kılık değiştirmiş bir fırsat demektir. Elbette bu, hayata iyimser bir bakış açısı olarak görülebilir ve haklılık payı da vardır. Problem çözmek, güveninizi ve yaratıcılığınızı arttıracak yeni beceriler edinmenize fırsat sağlar. Ayrıca problem çözmek, yeni insanlar tanımanıza yardımcı olur ve size başarı duygusu verir. Bir problem çözme modelinin (bkz. Şekil 8) altı aşaması vardır.

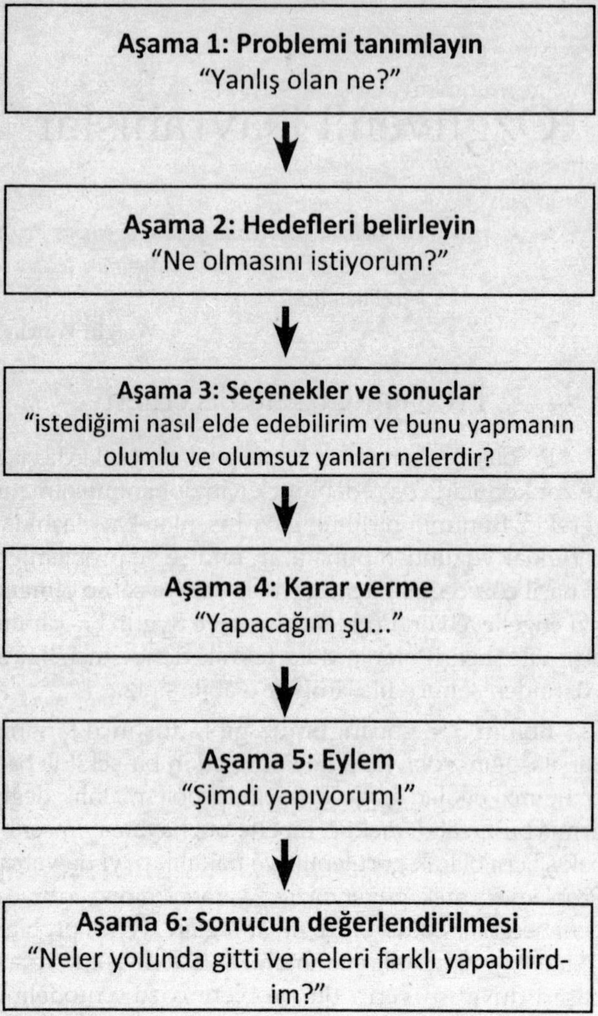

Şekil 8: Problem çözme modeli

Aşama 1: Problemi tanımlamak

Durumunuzu değiştirecek herhangi bir şey yapmaya başlamadan önce, tam olarak neyin yanlış gittiğini belirlemeniz gerekir. Bir konuda sadece 'mutsuz' hissetmek, sizi mutsuz eden şeyin neyle ilgili ya da neden olduğuna dair bir bilgi vermez. Bir problemi tanımlarken, sizi gerçekten rahatsız eden şeyin ne olduğu hakkında olabildiğince açık ve belirleyici olmak önemlidir.

Problemleri şöyle tanımlayabilirsiniz:

- Neler olduğunu, kimlerin yer aldığını ve yanlış olduğuna inandığınız şeyi yazarak. Örneğin: Durum: Diyetime sadık kalamıyorum, çünkü bütün hafta boyunca vaktimi otellerde geçiriyorum.

  Kimler yer alıyor: Sadece ben.

  Yanlış olan ne? Görünüşe göre yediklerimi kontrol edemiyorum, yarasız yiyecekler yiyorum ve egzersiz yapmıyorum.

- Bir sayfanın ortasına sizi temsil edecek bir daire çizin ve etrafına da çevrenizdeki bütün iç ve dış etkileri yazın. Örneğin; varolan yiyecekler bir dış etki olabilir, oysa 'tatlı yiyeceklere dayanamıyorum' bir iç etkidir.

Aşama 2: Hedeflerin belirlenmesi

Problemi belirledikten sonraki aşama, kendinize gerçekleştireceğiniz bir ya da bir dizi hedef belirlemektir. Hedefiniz belirgin olmalıdır. "Biraz kilo vermem lazım" dediğinizde ne istediğiniz bellidir, fakat ne kadar kilo vermeniz gerektiğinden bahsetmediğiniz için yeterince belirgin değildir. "Gelecek aya kadar 2 kilo vermek istiyorum" demeniz daha doğru bir ifade olacaktır. Bu örnek, tam olarak ne istediğinizi açıkça belirtmektedir.

Eğer kendinize bir hedef koyuyorsanız, buna ulaşıp ulaşamadığınızı ölçmenin bir yolu olmalıdır. Hedefleriniz belirgin ve ölçülebilir olduğu kadar gerçekçi de olmalıdır. Bazı insanlar kendilerine imkansız ve gerçekçi olmayan hedefler koymakta ustadır. Örneğin; "Dört günde üç kilo vermek istiyorum". Eğer kendinize gerçekçi olmayan hedefler koyarsanız, düş kırıklığına uğrarsınız, cesaretiniz kırılır ve kendinizi başarısız hissedersiniz. Gerçekçi olmayan bir hedef, felakete davetiye çıkarır.

Bir sonraki adım, hedefinizin uygun olduğundan emin olmaktır. Kulağa yeterince açık geliyor olabilir, ama genellikle insanlar amacına uygun olmayan hedefler belirlerler. Bu, hedefin geçersiz olduğu anlamına gelmez, ama eğer kilo vermek istiyorsanız, evi dekore etmekle ilgili bir hedef koymanızın bir anlamı yoktur. Hedef belirleme işleminin son bölümü kendinize bir zaman sınırı koymaktır. İki kiloyu bir ayda mı, iki ayda mı yoksa altı ayda mı vereceksiniz?

Belirlediğiniz hedeflerin 5 akıllı kurala uygun olması gerekir:

Belirgin: Hedefinizin kısa ve açık olması gerektiğini unutmayın.

Örneğin; "Önümüzdeki 30 gün içinde 2 kilo vermek istiyorum".

Ölçülebilir: Gelişiminizi nasıl ölçeceksiniz?

Örneğin; "Haftada bir kez olmak üzere her hafta aynı gün ve aynı saatte tartılacağım".

Başarılabilir: Hedefinizin gerçekçi olduğundan emin olun.

Örneğin; "Makul ölçüde yemek yiyeceğim ve hafif egzersiz yapacağım. Haftada sadece yarım kilo vermem yeterli ve bu gerçekçi bir hedef".

Uygun: Hedefiniz, belirttiğiniz amaca uygun mu?

Örneğin; "Evet, kilo vermek istiyorum ve kendime 2 kilo vermek gibi uygun bir hedef seçtim".

Zaman: Hedefinize varmak için ne kadar süre ayırdınız?

Örneğin; "Hedefim yarından itibaren bir ay, otuz gün".

Aşama 3: Seçenekler ve sonuçlar

Artık problemi tanımladınız ve kendinize bir hedef ya da bir dizi hedef belirlediniz. Şimdi seçeneklerinizi ve olası sonuçları değerlendirmeniz gerekiyor. Bir problemle karşılaştığınızda, üstesinden gelmenizi sağlayacak yollar bulmanıza yarayan yaratıcı düşüncelerinizi sınırlandırmamalısınız.

Beyin fırtınası

Beyin fırtınası, seçeneklerinizi genişletmeniz için kullanabileceğiniz bir tekniktir. Beyin fırtınası şunları kapsar:

1. Sayfanın başına konuyu yazarsınız.

   Örneğin; "Kilo Verme Yolları."

2. Olabildiğince fikir bulabilmek için kendinize on dakika verirsiniz. Bu aşamada düşüncelerinizi yazarken, ne kadar imkansız olduklarını düşünürseniz düşünün tepkilerinizi sansürlemeyin;

muhakemenizi askıya alın ve nitelik değil nicelik üzerinde durun, aklınıza ne geliyorsa yazın.

Örneğin; "Yemeyi kes, mideni aldır, yediklerini tükür, meyve ye, bir zayıflama programına katıl, yiyecekleri kokla, elini tutacak ve yemene engel olacak birini tut, doktorlara git, arkadaşlara sor, kitap oku, beslenme hakkında daha fazla bilgi edin, daha çok koşuştur, beline sıkı bir kemer tak, yediklerine sirke koy, baş aşağı dur, ağzını diktir".

3. Bütün bunları yazıp bitirdikten sonra, şimdi dönüp fikirlerinizi değerlendirebilirsiniz.

   Örneğin; "Bir zayıflama programına katıl, beslenme hakkında daha fazla bilgi edin, bir diyet kitabı al".

Destek arayın

Size kimin yardımcı olabileceğini düşünün. Belki daha önce aynı sorunu yaşamış ve bunu aşmış birini tanıyorsunuzdur; eğer öyleyse, o bunu nasıl becerdi? Eğer probleminiz işle ilgiliyse, belki işyerinizde size akıl hocalığı yapacak biri vardır. Probleminiz kişiselse, bir arkadaşınız ya da ailenizden biri size yardımcı olabilir.

Sonuçlar

Artık seçeneklerinizi çözümlediniz, şimdi bunların her biri için olumlu ve olumsuz yanları değerlendirmeniz gerekiyor. Yarar-zarar analizinde olduğu gibi (bkz. Sayfa 115) her şeyi yazıya dökmeniz en iyisidir.

Örneğin:

Seçenek: Beslenme hakkında daha fazla bilgi edin.

Olumlu yanları	Olumsuz yanları
• Hangi vitamin ve minarellere ihtiyacım olduğu konusunda bilgi edineceğim. • Sağlıklı ve doyurucu yemekler hazırlayabileceğim.	Kendimi motive etmem gerek.

Beyin fırtınası, seçeneklerinizi genişletmenin yanı sıra, belirli bir hareket tarzının sonuçlarını öngörmek açısından da iyi bir araç olabilir. Bölüm 4'te betimleme ve hayal gücünüzü kullanmanın yararları anlatılmıştı. Seçeneklerinizi hayalinizde canlandırmak ve neler olabileceğini 'görmek' için hayal gücünüzü kullanmak isteyebilirsiniz.

Aşama 4: Karar verme

Şimdiden hangi eylem planını seçmenin daha iyi olacağı üzerinde durdunuz. Planınız, tek bir eylem planı gerektirebileceği gibi, birbiri üzerine kurulacak birden çok eylemi de gerektiriyor olabilir. Eğer karar veremiyorsanız bunun sebebi:

- Bu problemi çözmek size imkansız gelebilir ve yapabileceğiniz en iyi şey onu yönetmektir.
- Daha fazla bilgiye ihtiyacınız vardır.
- İki ya da daha fazla eylem planından birini seçmek konusunda kafanız karışmış olabilir.

Eğer problemin çözümünün imkansız olduğuna inanıyorsanız, problemi yeniden ve başka türlü ifade edebilirsiniz ya da daha kolay çözebileceğiniz küçük parçalara ayırabilirsiniz. Eğer daha fazla bilgiye ihtiyacınız varsa, bunu nereden elde edeceğinize karar vermeniz gerekir.

Eğer iki ya da daha fazla eylem planı arasında kararsız kalmışsanız, bir arkadaşınızla konuşmanız ve onun görüşlerini almanız faydalı olabilir. Hangi seçeneğin daha öncelikli olduğuna karar vermek için, daha önce öğrendiğiniz (bkz. Sayfa 116) değerlendirme ölçeğini (0-10) kullanın. Her seçeneği ayrı ayrı düşünün ve eğer o eylem planını seçerseniz, olayların altı ay ya da bir yıl sonra nasıl olabileceğini hayal etmeye çalışın.

Karar vermenize neyin engel olduğunu anlamanın bir yolu da, karar verememenizin kökeninde yıkıcı bir düşünce olup olmadığını anlamak için, önceden bahsedilen (bkz. Sayfa 74) düşünce formunu kullanmaktır.

Tablo 15: Kişisel beklenmedik durum planı

Duygu (değerlendirme 0-10)

Neler ters gidebilir?
1. Tezgahtar hayır diyebilir. *Değerlendirme. 6*
2. Tedirgin olabilirim. *Değerlendirme: 7*
3. Tezgahtarın iade yetkisi olmayabilir. *Değerlendirme: 5*
4
5
6

Eğer bu olursa ne yaparsınız?
1. Kararlı olma becerilerini kullan; üç adım modeli ve kırık plak.
2. 'Kurtarıcı' nefes egzersizini kullan.
3. Kimin yetkili olduğunu ve ne yapacağımı bulmak için, kararlı olma tekniklerini kullan.
4
5
6

Olası aksaklıkları idare etmek

Çeşitli eylemlerin olumlu ve olumsuz yanlarını değerlendirmiş olsanız da, "Beklenmedik Durum Planlaması" olarak bilinen planlamayı da göz önünde bulundurmanız yararlı olabilir. Beklenmedik durum planı, belirli bir tepki ortaya çıktığında ne yapacağınızı düşünmeniz demektir. Örneğin; eğer aldığınız ayakkabıları iade etmek istiyorsanız, kaç farklı tepkiyle karşılaşabilirsiniz ve bunlara nasıl karşılık verirsiniz? Tablo 15'deki kişisel beklenmedik durum planı; ters gidebilecek şeyleri ve eğer böyle olaylarla karşılaşırsanız, bunlarla nasıl başa çıkacağınızı öngörmeniz ve düşünmeniz için yararlı bir yöntemdir. Bu alıştırmayı yapmadan önce beyin fırtınası yaparak, olabildiğince problem öngörmeye çalışın.

Planladığınız bazı eylemler pratik yapmanızı gerektirebilir. Örneğin; kararlı olma becerilerinizi geliştirmeniz gibi. Bu durumda onları kullanmadan 'önce' alıştırma yapmalısınız.

Aşama 5: Eylem

Kararınızı verdikten sonra, harekete geçmeniz için gereken her tür donanıma sahip olduğunuzdan emin olun. Attığınız her adımı ve bunların sonuçlarını not etmeniz yararlı olabilir. Bir eylem planı oluşturup bunu uygulamaya başladığınızda, tamamladığınız şeyleri işaretleyerek, eylemlerinizin durumunuzu değiştirmeye ne ölçüde katkıda bulunduğunu görebilirsiniz. Bazı kişiler, evde, işyerinde, günlüğüne ya da telefonun yanına hatırlatma yazıları ya da post-it notları bırakmayı tercih eder. Bunlar, yapılacak işleri hatırlatma görevini üstlenirler.

Örneğin:

23 Kasım 2006

1. Yediğim ya da içtiğim her şeyi not edebileceğim bir beslenme günlüğü tutmak. Günlüğü bugün için tamamladım.

2. İki kilometre tempolu yürüyüş -bir kilometre işe giderken, bir kilometre de dönüşte-. Tamamlandı.

Aşama 6: Sonuçların değerlendirilmesi

Probleminizin çözülüp çözülmediğine en iyi siz karar verebilirsiniz. 5 akıllı kural formülünü (bkz Sayfa 114) kullanarak başarınızı daha kolay ölçebilirsiniz. Belirgin bir hedef belirlemek, başlangıçta yapmaya karar verdiğinizin ne kadarını başardığınızı görmenizi kolaylaştırır. Başka bir yol da 'sürem' (uzay-zaman süreklisi) denen yöntemi kullanmaktır. Sürem, gelmeyi başardığınız noktanın gösterildiği, değerlendirme ölçeği gibi kullanılan bir çizgidir. Çizginizi çizdikten sonra, ilerlemenizin neresinde olduğunuzu düşünüyorsanız, buna en uygun noktaya bir X işareti koyun.

Örneğin:

Kilo kaybı yok__________X____________Ayda 6 kilo

Yapmak istediklerinizi başardıysanız, artık problem çözme sürecini sonlandırabilirsiniz. Eğer hiçbir ilerleme kaydedemediyseniz, attığınız adımları ve aldığınız kararları radikal bir şekilde gözden geçirmeniz gerekiyor demektir. Örneğin; kendinize koyduğunuz hedefte fazla hırslı davranmış olabilirsiniz. O an hedefiniz size ulaşılır gibi görünmüşse de, sonrasında gerçekleştirilmesinin umduğunuzdan çok daha zor olduğunu anlamış olabilirsiniz. Bu durumda, problem çözme sürecinin en başına gitmeniz ve bu sefer yapmak istediğiniz şeyi gerçekleştirebileceğiniz küçük adımlara bölmeniz gerekir.

Kendi kendinize başa çıkamayacağınız, kökleri çok daha derinlerde yatan problemleriniz olduğunu fark edebilirsiniz ve profesyonel yardım almak isteyebilirsiniz. Hedefler kısmen başarıldıysa, nelerin yolunda gittiğini ve nelerin zor geldiğini değerlendirmeniz gerekir. Elde ettiğiniz başarıdan yeterince mutluluk duyduğunuzu hissedebilirsiniz ya da daha az başarılı olduğunuz yanlarınızı gözden geçirip, bunlar için yeni bir problem çözme sürecine başlayabilirsiniz.

Kararlılık Eğitimi

Kararlılık eğitimi, insanları manevi kuvvetlere dayanan becerilerini kullanmaları için teşvik eder. Özgüveni olmayan biri genellikle kararlı olmayı beceremez.

İç sesimizi kullanmak, güven oluşturmamızı sağlar. Kendi içinizde ne düşündüğünüz ve ne söylediğiniz, nasıl hissettiğinizi etkiler ve bunun sonucunda hisleriniz de eylemlerinize etki eder.

Eğer kendine güvenen biriyseniz, kendinizi düşüncelerinizle doğrularsınız ve bunun sonucu olarak kendinize daha çok güven duyarsınız. Kendi kendinize olumsuz konuşmanız güveninizi kırar.

Kararlı olmak, başkalarıyla açık bir biçimde iletişim kurmanıza yardımcı olur.

Kararlılık testi

Tablo 16'daki sorular, davranış modellerinizi değerlendirmenize yardımcı olmak için hazırlanmıştır. Cevaplarınızda dürüst olun ve her soru için en uygun olanı işaretleyerek, davranışınıza en uygun tepkiyi seçerek cevaplayın.

Tablo 16: Kararlılık testi

	Evet	Hayır	Bazen	Asla
Ne hissettiğinizi söyler misiniz?				
Kolay karar verir misiniz?				
Başkalarını eleştirir misiniz?				
Biri size hücum ettiğinde bir şey söyler misiniz?				
	Evet	Hayır	Bazen	Asla
Genelde karar verme yeteneğinize güvenir misiniz?				
Kendinizi kolay kaybeder misiniz?				
'Hayır' demekte zorlanır mısınız?				
Karşınızdaki tartışmayı bitirdiğinde bile siz devam eder misiniz?				
Aldığınız mallar bozuk çıktığında geri götürür müsünüz?				
Sosyal ortamlarda kendinizi utangaç hissediyor musunuz?				

Duygularınızı gösterebiliyor musunuz?				
İnsanlardan yardım isteyebiliyor musunuz?				

Not: Bu sorulara doğru ya da yanlış cevap vermek diye bir şey söz konusu değildir. Verdiğiniz cevaplar, kişisel davranış biçiminiz hakkında bilgi edinmenizi sağlayacaktır. Böylece verdiğiniz cevaplardan mutlu olup olmadığınıza ya da davranış biçiminizi değiştirmek isteyip istemediğinize karar verebilecek bir konuma geleceksiniz.

Dört Tür Davranış Biçimi

Kararlı olmayan/pasif

Kişisel duygular

Kararlı olmayan biri genelde kendini çaresiz, güçsüz, yetersiz, engellenmiş ve güvensiz hisseder.

Davranışlar

Pasif biri ne istediğini ya da ne hissettiğini söylemez. Karar vermesini gerektirecek durumlara girmekten kaçınır. Bir kurban ve/veya mazlum gibi davranır ve insanlara "Hayır" demekte zorlanır. Bu durum ise, kendini fazla adanmış ve engellenmiş hissetmesine neden olur. Kararlı olmayan biri, bir birey olarak kendi haklarına saygı göstermez.

Çevresindekilerin hisleri

Kararlı olmayan birinin çevresinde olduğunuzda, kendinizi engellenmiş hissedebilirsiniz. İlk başlarda onun için üzülürsünüz, fakat sonrasında ona yardım etmeye çalışıp bazı durumlarda hiç yanıt alamadığınızda sıkıntı ve kızgınlık hissederek vazgeçersiniz.

Sonuçlar

Kararlı olmayan kişiler, sorumluluk ve risk almaktan kaçınırlar. Reddedilme ve karar verme sürecinden uzak durmak isterler.

ALIŞTIRMA

Size en çok uyan kelimeleri daire içine alın:

çaresiz	güçsüz	yetersiz	engellenmiş
kurban	mazlum	fazla-adanmış	zavallı
sorumluluktan kaçan	risk almayan	reddedilmekten kaçınan	

Agresif

Kişisel duygular

Agresif kişiler sık sık kontrolden çıktıklarını hissederler. Kısa vadede üstünlük hissetseler bile, yine de korku ya da endişe duyar ve güvensizlik çekerler.

Davranışlar

Agresif kişiler, istediklerini yaptırmak için bağırır, kabadayılık taslar ve sözlü ve/veya fiziksel güç kullanırlar. Her ne pahasına olursa olsun 'kazanmak' isterler ve kendi istedikleri şeylerin dışında olan her şeyi 'başarısızlık' olarak görürler. Başkalarının haklarına saygı göstermezler.

Çevresindekilerin hisleri

Agresif davranışlar sizin ürkmenize, kızmanıza, kendinizi çaresiz ve kullanılmış hissetmenize yol açar.

Sonuçlar

Agresif kişiler hükmetme eğilimindedir ve agresif davranarak, açıklama yapmak, uzlaşmak ya da başkalarını dinlemekten muaf olacaklarına inanırlar.

Bununla birlikte, agresif biri uzun vadede dışlanır ve insanların saygısını kaybeder.

ALIŞTIRMA

Size en çok uyan kelimeleri daire içine alın:

bağırma	nesnelere vurma	kabadayılık taslama	parmak sallama
üstünlük	korkak	endişe	zayıf güven

Dolaylı agresif/pasif agresif

Kişisel duygular

Pasif agresif bir biçimde davrandığınızda kendinizi engellenmiş, hayal kırıklığına uğramış ve güvensiz hissedebilirsiniz.

Davranışlar

Pasif agresif kişiler, önceden kestirilemez bir biçimde davranırlar. Bir gün sizinle aynı fikirde olurlar, ertesi gün aynı konuda size karşı çıkarlar. Kin tutarlar ve ödeşmek için karşısındakinin en hazırlıksız olduğu zamanı beklerler. Somurtma gibi davranışlarda bulunurlar ve etraflarında zor bir atmosfer yaratma yeteneğine sahiptirler.

Çevresindekilerin hisleri

Pasif agresif birinin çevresinde olduğunuzda kendinizi kızgın, incinmiş, aklı karışmış, kullanılmış ve suçlu hissedebilirsiniz.

Sonuçlar

Bu tür bir davranış biçimi, yüzleşmekten ve reddedilmekten kaçınmak için kullanılır ve genellikle ilişkilerin bozulmasına neden olur.

ALIŞTIRMA

Size en çok uyan kelimeleri daire içine alın:

engellenmiş	güvensiz	kin tutma
ödeşme	somurtma	yüzleşmeden kaçınma
kararlı		hayal kırıklığına uğramış

Kendine güvenen

Kişisel duygular

Kararlı biri genelde kendini rahat ve güvenli hisseder. Kararlı olmak, güç duygular yaşamaya karşı bağışıklık oluşturmak demek değildir ve kararlı biri de her tür duyguyu yaşar. Bununla birlikte kararlı biri kullanması gereken davranış biçimini seçer.

Davranışlar

Kararlı kişiler isteklerini dile getirirler, açık olmaya çalışırlar, başkalarının ihtiyaçlarına kulak verirler ve hem kendilerine, hem de başkalarına saygı duyarlar. 'Kazan-kazan' durumlarını hedeflerler ve uzlaşmayı kötü bir şey olarak görmeyip, uzlaşmaktan memnuniyet duyarlar.

Çevresindekilerin hisleri

Kararlı birinin etrafındaysanız genelde kendinizi değerli, saygı duyulan ve dinlenilen biri olarak hissedersiniz. Kararlı birinin davranışı etrafındakileri güvende hissettirir ve kendilerine adil davranıldığı duygusunu uyandırır.

Sonuçlar

Kararlı kişiler fırsatları kaçırmaz, sağlıklı ilişkiler kurar ve kendilerini gerçekten güvenli hissederler.

ALIŞTIRMA

Size en çok uyan kelimeleri daire içine alın:

güvenli	rahat	kazan-kazan
fırsatları yakalayan	başkalarını dinleyen	
başkalarına saygı duyan	kendine saygı duyan	

Kararlı Olmanın Gerekleri

Kendine ve başkalarına saygı göstermek

İddialı insanlar hem kendilerine, hem de başkalarına eşit ölçüde saygı gösterirler. Bu saygıyı, karşısındakine açık, dürüst ve doğal davranarak göstermeyi tercih ederler. Kendilerini desteklerler. Kendimize saygı duyduğumuzu göstermenin bir yolu da sınırlar koymaktır. Hangi sınırları koyacağına, her bireyin kendisi karar verir.

Örneğin; "Ayda iki hafta sonu çalışmamı istediğinizi biliyorum. Fakat bu, anlaşmamızda yer almıyor. Ara sıra meydana gelebilecek acil durumlarda yardım etmeye hazırım, fakat hafta sonları düzenli olarak çalışmaya hazırlıklı değilim".

Düşünceler, duygular ve eylemler için kişisel sorumluluk üstlenmek

Kararlı kişiler söylediklerinin, hissettiklerinin ve yaptıklarının sorumluluğunu almaya hazırdırlar. Sorumlu davranmanın ne kadar önemli olduğunun farkındadırlar ve gerçek güvenin, etrafındakilere dürüst ve doğru davranmakla kazanılacağını bilirler.

Örneğin, "Bana bağırdığında kızıyorum" demek, "Bana bağırdığında beni kızdırıyorsun" demekten daha kesin bir ifadedir. Hissettiğiniz, düşündüğünüz, söylediğiniz ve yaptığınız şeylerin sorumluluğunu almanın bir yolu da, kendinizi daha etkin bir şekilde öne çıkaracak cümleler kullanmaktır. Örneğin; "Bu karar hakkında kendimi rahatsız hissediyorum".

Seçim yapmak

Kararlı kişiler seçim yapmak gerektiğini bilir ve bundan kaçınmaz. Yanlış seçim yapsalar bile, bunun dünyanın sonu olmadığını bilirler. Kararlı olmak demek, risk almak demektir ve kararlı insanlar hayatın kabul edilebilecek riskler üzerine kurulu olduğuna inanırlar.

Kararlı Olmaya Giden Üç Adım

Adım 1

Aktif dinleme becerilerinizi kullanarak, karşınızdakilerin dediklerini dinleyin ve söylediklerini 'dinlediğinizi' ve 'anladığınızı' kanıtlayın. Eğer karşınızdaki kişi onu gerçekten dinlediğinizi hissederse, istediğiniz sonucu almanız daha kolaylaşır. Çoğu zaman başkalarının ne söylediğinden çok, ne söylemek istediğimizle ilgileniriz. Bu da, "Evet, öyle dedin", "Hayır, demedim" diyalogunun yaşanmasına neden olur.

Jane Yardım etmediğin ve bütün işi bana yıktığın için sana gerçekten çok kızdım.

John Kızmanı anlıyorum -ya da, bana kızmanı anlayışla karşılıyorum-.

Adım 2

İkinci adımda ne 'düşündüğünüzü' ya da 'hissettiğinizi' söylersiniz. Eğer bu adımın kolay atılmasını istiyorsanız, 'fakat' ya da 'öte yandan' ya da 'alternatif olarak' gibi bağlantı sözlerini kullanmanız gerekir.

John Fakat, bana mutfakta yalnız çalışmayı tercih ettiğini söyledin ve ben de konuklarla ilgilenmemin daha iyi olacağını düşündüm.

Adım 3

Üçüncü adımda 'ne olmasını istediğinizi' söylersiniz. Bu adımın kolay olabilmesi için 've' sözcüğünü kullanmanız gereklidir. Durumun açıkça anlaşılmasını, her iki tarafın da bundan bir ders çıkarmasını ve bir daha böyle bir durum doğduğunda, bu tecrübeden karşılıklı olarak yararlanabilmenizi sağlayacak bir uzlaşmaya varmak istiyorsunuz.

John ....ve belki bir dahaki sefere böyle bir durumda neyapmamız gerektiğini düşünmeliyiz.

Örneğin:

Adım 1 Pazartesiye kadar beş raporun da hazırlanmasını istediğinizi anlıyorum,

Bağlantı sözü fakat

Adım 2 pazartesiye kadar sadece üçünü yetiştirebilirim ve diğer ikisini çarşambaya kadar hazırlayabilirim

Bağlantı sözü ve

Adım 3 pazartesiye kadar hangi üçünü yetiştirmem gerektiği konusunda yardımcı olursanız çok sevinirim.

Ani tepkileri idare etmek

İletişim biçiminizi değiştirmek zor olabilir ve Bölüm 3'te anlatıldığı gibi değişim zaman alır. Çabuk tepki verdiğinizi düşünüyorsanız, içinizden üçe kadar sayın ve derin bir nefes alın. Bu sizi sakinleştirecek ve daha dikkatli tepkiler vermenizi sağlayacaktır.

Az çoktur

Kendinizi çok fazla açıkladığınızı ve verdiğiniz cevaplarda lafı fazla uzattığınızı düşünebilirsiniz. Bu durumda, söylediklerinizin kısa ve basit olmasına özen gösterin. Her şeyi bir anda söylemeniz, acele etmeniz gerekmez.

Bazı Kararlı Olma Becerileri

Kırık plak

Bazen üç-adım modelini kullansanız bile, karşınızdakiler söylediklerinizi duymazdan gelebilir. Bu durumda, mesajınız göz ardı edilmeyinceye kadar söyleklerinizi tekrar etmeniz gerekir. Fakat asıl amaç sürekli aynı sözleri tekrarlamak değil, söylemeye çalıştığınız şeyin özünü tekrar ifade etmeye çalışmaktır. Her şeyden önce bir papağan gibi konuşmak istemezsiniz! Kırık-plak tekniği ve üç-adım modeline ek olarak beden dilinize de dikkat etmeniz gerekir. İyi bir göz teması, temiz bir ses ve özgüvenli bir tavır, çabalarınıza destek olacaktır.

Örneğin:

Sue Aslında iade kabul etmemenizi anlıyorum. Fakat, bu ayakkabılar defolu ve iade yetkisi olan biriyle konuşmak istiyorum.

Tezgahtar Üzgünüm bayan, ama değiştiremeyiz.

Sue Prensibinize saygı duyuyorum. Fakat, bu ayakkabıları iade etmek istiyorum, değiştirmeyi değil.

Tezgahtar Bilemiyorum.

Sue Bunun sizin için zor olduğunu anlayabiliyorum. Fakat, bu ayakkabıları yenisiyle değiştirmek istemiyorum.

Olumsuz duygular ileri sürme

Sizi rahatsız eden davranışı tanımlamanız gerekir, sizi nasıl etkilediğini ve ne olmasını istediğinizi söyleyin. Örneğin; eğer biri size bağırıyorsa, ne söylediğini anlamak sizin için zor olabilir ve bunu ona söyleyebilirsiniz. Eğer karşınızdaki somurtuyorsa, ona ne olduğunu sormak için yakınlaşamayabilirsiniz ve o insana karşı hisleriniz incinebilir.

Örneğin:

"Sesini yükselttiğinde rahatsız oluyorum (davranış) ve ne söylediğini anlayamıyorum (sizi nasıl etkiliyor) ve sana yardım etmek istiyorum (olmasını istediğiniz)."

Uzlaşma

Uzlaşma, her ikinizin de kabul edebileceği bir çözüm bulma temeline dayanır. 'Kazan-kazan' durumunu hedeflemeniz demektir. Her ikinizin de uzlaşmaya vararak bir çözüm bulmak istediğinizi gösterir. Bu şekilde iletişim kurmayı amaçlayan insanların iyi niyet hesapları kabarır. Bu insanlar için iyi niyet, sonradan güvenebilecekleri bir yatırımdır.

Örneğin:

Anne	Ama ayda sadece bir Pazar bana geliyorsunuz.
Jane	Biliyorum, anneciğim. Fakat çocuklar artık büyüdüler

ve pazar günleri dışarı çıkmak istiyorlar.
İstersen bundan sonra iki haftada bir sana gelelim,
bazı pazarlar da sen bizimle gezmeye gelirsin.

Anne Sanırım bu iyi olur.

Yön değiştirme

Agresif durumları yatıştırmak için yön değiştirme kullanılabilir. Hiç kimsenin mükemmel olmadığını ve karşınızdakinin görüşlerini kendi bakış açısından ifade etme hakkı olduğunu kabul etmemiz gerektiği ilkesine dayanır. Eğer hak vermediğiniz birine anlayış gösteriyorsanız, açıkça onun görüşlerini ifade etme hakkını kabul ediyorsunuz demektir. Çoğu insan bizden onlara karşı çıkmamızı bekler ve bu anlaşamama durumu giderek "Evet, öyle dedin", "Hayır, demedim" oyununa dönüşür. Eğer söylenenlerin bir kısmına katılıyorsanız, olayın tırmanmasına engel olabilirsiniz.

Örneğin:

Jake Neyin doğru olduğunu hep sen biliyorsun ve karşındakinin de bir görüşü olabileceğini hiç düşünmüyorsun. (Bu tür bir ifade kolaylıkla kavgaya gidebilir.)

Cara Haklı olabilirsin. Niyetim bu değildi, ama böyle anlaşılmış olabilirim.

(Sadece yanlış anlaşılmış olma olasılığı üzerinde durarak, savunmacı olmayan bir yol izlemiş olursunuz ve şiddetli tartışmalara yol açabilecek bir konuyu yatıştırırsınız.)

Uyuşmazlık

Bu beceri sadece, söylenenlerdeki tutarsızlıkları vurgulamanızı gerektirir.

Örneğin:

"Bir yandan karar verme konusunda daha aktif olmak istediğini, diğer yandan bilerek sessiz kaldığını söylüyorsun, galiba burada bir sorun var."

Zaman ayırmak

Davranışları değiştirmek zaman alır. Eğer her zaman düşünmeden "Evet" diyen biri olduysanız, böyle yapmaya devam ettiğinizi fark edebilirsiniz. Bu döngüyü kırmanın yolu -daha çok zihinsel bir devre kesici gibi- karşınızdakinden düşünmek için zaman istemektir. Size bir şey sorulduğunda, durumunuzu değerlendirmek için zaman ayırın. Telefonda konuşuyorsanız, karşınızdakine belli bir süre sonra onu aramayı teklif edin; "Şu anda konuşamıyorum, on dakika sonra arasam?"

Eğer biriyle yüz yüzeyseniz, "Bu söylediğini düşünmem için zamana ihtiyacım var" deyin.

Ben çoğu kez, zaman kazanmak için hemen tuvalete gitmeyi tercih etmişimdir. Hemen "İzninizle" deyip, düşünmek için birkaç dakika zaman kazanmanız harikalar yaratabilir.

Kişisel haklarım

ALIŞTIRMA

Aşağıdaki ifadeleri düşünün ve kendinize bunlara katılıp katılmadığınızı sorun.

	Katılıyorun/Katılmıyorum
• Eşit bir insan olarak bana saygı gösterilmesi benim de hakkım.	----------------------------------
• Ne istediğimi söyleme hakkım var.	----------------------------------
• Kendi ihtiyaçlarımı gözetme ve "Hayır" deme hakkım var.	----------------------------------

- Duygularımı ve düşüncelerimi ifade etme hakkım var. ----------------------------------
- Bir karar vermeden önce zaman isteme hakkım var. ----------------------------------
- Kendi kararlarımı kendim verme hakkım var. ----------------------------------
- Fikrimi değiştirme hakkım var. ----------------------------------
- Eğer istersem, başkalarının problemlerinin sorumluluğunu üstlenmeme hakkım var. ----------------------------------
- İddialı olmamayı seçme hakkım var. ----------------------------------

Bu haklar, kendinize ne kadar değer verdiğinizi düşünmeniz için bir yoldur. Haklarını gözetmek, bencil olmak demek değil, kendini önemsemektir. Hakların hemen yanında, başkalarına duyduğumuz sorumluluk yer alır. Kararlı olmak demek, kendine ve başkalarına eşit ölçüde saygı duymak demektir. Başkalarının hakkını çiğneme hakkınız yoktur ve başkalarına tanıdığınız hakları kendinize de tanımanız gerekir.

ALIŞTIRMA

Yukarıda verilen haklara başka hangi haklarınızı eklemek istersiniz?

....

....

....

....

Zor Durumlarla Başa Çıkmak

Çatışmayla baş etmek

Hiç kimse hayatını arkadaşlarıyla, ailesiyle ya da meslektaşlarıyla çatışmalı durumlar yaşamadan geçiremez. Genelde insanlar çatışmadan hoşlanmaz, ama çoğumuz çatışmaya yaklaşım tarzımızdan dolayı olayları daha da kötüleştiririz. Çatışma hayatın bir parçası olabilir, ama daha da kötüleştirilmesi gerekmez.

Bu kitapta öğrendiğiniz bütün beceriler çatışmay la baş edebilmeniz için destekleyicidir. Olaylara bakış açınız, hislerinizi ve o anki davranışlarınızı etkiler. İnsanların size kötü bir şekilde davranmaması gerektiğini düşünebilirsiniz ya da kendinizi savunmanın gereksiz bir telaş olduğuna inanabilirsiniz. "İnsanları memnun etmeliyim ve bu yüzden gereksiz telaş çıkarmamalıyım" da diyebilirsiniz. Bu düşüncelerin ikisi de size yardımcı olmayacaktır. İlki, muhtemelen öfkeli ve uygun olmayan bir şekilde tepki vermenize sebep olacaktır, ikincisi ise sizi, kendi ilgi alanlarınıza göre hareket etmekten alıkoyacaktır. Kararlı olma becerileri, söylenenlerle baş edebileceğiniz birçok beceri kazanmanıza yardımcı olur, böylece etkili sözlerle, olumlu bir sonuca ulaşılmasını sağlayabilirsiniz.

Şimdiye kadar öğrendiklerinize ek olarak, çatışmayla uğraşırken size yardımcı olabilecek bazı temel kurallar da vardır.

'Kazan-kazan' sonucuna varmak için çalışın

Ne istediğinizi ve karşınızdakinin ne isteyebileceğini düşünmeye çalışın. İnsanlara istedikleri gibi bir şeyler verip veremeyeceğinizi düşünün. Böyle davranmanız, onların daha yumuşak başlı olmasını, sizin de fazla zorluk çekmeden istediklerinizin çoğuna sahip olmanızı sağlayacaktır. Karşınızdakinin ne istediğini düşünmek, yaygın ve denenmiş bir iş stratejisidir. Çoğu kişi iş görüşmelerine, karşı tarafın ihtiyaçlarının ne olabileceğini ve ne kadarını vermeye hazırlıklı olduklarını düşünerek gider. Aslında insanlar genellikle sizin vermeye hazır olduğunuzdan daha azını isterler.

Kendinizi ve karşınızdakini konudan uzaklaştırın

İşler kızıştığında ve bir şeylere ihtiyaç duyduğunuzda, duygular yolunuzu kesebilir. Güçlü duygular, dinleme ve düşünme yeteneğini engeller; ilişkiye zarar vermeden çatışmayı çözümlemek istiyorsak her ikisi de gereklidir. Sokakta bir daha hiç görmeyeceğiniz birinin keyfini kaçırmayı umursamayabilirsiniz, fakat bir arkadaşınızla aranızdaki ilişkinin zedelenmesi sizi gerçekten endişelendirebilir.

Sorumluluk alın ve 'kendinizi' ifade ederken açık olun

Kendi düşüncelerinizden ve eylemlerinizden sorumlu olduğunuzu unutmayın. İnsanlar sizi düşünmeye zorlayamaz ya da size bir şey 'yaptıramaz'. Bunları kendiniz yaparsınız. Çatışmayı kararlı bir şekilde ele almak istiyorsanız, ihtiyaçlarınızı ve isteklerinizi göstermenin bir yolu olarak 'kendinizi' açıkça ve etkin bir şekilde ifade edin. "Bana karşı çıktığında beni kızdırıyorsun" demek yerine, "Tartıştığımız zaman kendimi kızgın hissediyorum" ya da 'Kendimi kızgın hissettiğim için tartışmakta zorlanıyorum" demelisiniz.

Tek bir konu üzerinde durun ve nereye ulaşmak istediğinizi bilin

Biriyle bir konuda ya da birçok konuda ters düşebilirsiniz. Birçok şey biriktirdiğinizi ve bir anda, birden çok konu üzerinde konuşma tehlikesi oluştuğunu fark edebilirsiniz. Çatışmaları başarılı bir şekilde çözümlemek için, tek bir konu üzerinde durmalısınız. Yani, konuşmak istediğiniz şeylerin bir listesini yapıp sonra da, önce hangisini konuşacağınıza karar vermelisiniz.

Karşınızdakinin size yaklaşımı yüzünden seçim yapma şansınızı kaybetmiş olabilirsiniz. Bu durumda bile, gereken bütün konuları tartışmak istediğinizi, fakat tek bir konu üzerinde durmanın daha iyi olacağına inandığınızı açıkça ifade edin. Örneğin; "Ofisi düzenleme şeklimiz hakkında konuşmak istemeni anlıyorum. Fakat, değişken iş saatlerin hakkında konuşmak istediğini söylemiştin ve eğer önce bunu halledersek öteki konuya geçebiliriz".

İlginizi bölmeyin

Eğer karşınızdakinin sizi ciddiye almasını ve en iyi sonuca varmayı istiyorsanız, karşınızdakine bakmayı ve onu dikkatle dinlemeyi ihmal etmemelisiniz. Bölüm 2'de anlatılan temel iletişim becerileriniz çok önemlidir. Karşınızdakine gösterdiğiniz saygıyı, onlara davranış şeklinizle belli ederseniz, olumlu bir sonuca varma ihtimaliniz büyük ölçüde artacaktır.

Söylenenleri takip edin

Gergin bir olayın tam ortasında söylenenlerin ucunu kaçırmak ya da meselenin özünü kavrayamamak çok kolay karşılaşabileceğimiz bir durumdur. Ne söylendiğini kontrol etmeniz ve eğer uygunsa açıklığa kavuşturmanız gereklidir. Sadece kilit noktaları tekrar ederek söylenenleri kontrol edebilirsiniz. Örneğin; "Görünüşe göre seni dinlemediğimi düşünüyorsun ve defalarca benimle konuşmayı denediğin halde, benim konuyu değiştirdiğimi hissetmişsin". Bu şekilde kontrol etmek, söylenenleri takip etmenizi sağlayacak ve karşınızdakinin söylediklerini (kendi sözlerinizle) tekrar ifade etmek, onu dinlediğinizi gösterecektir.

Karmaşık durumlarda bu şekilde kontrol etmek ve söylenenlerin içeriğini tekrar etmek, verilen bilgiyi düzenlemenizi ve bağlantı kurmanızı sağlayacaktır. Söylenen bir şeyden emin olamıyorsanız, karşınızdakinden konuya açıklık getirmesini isteyin. Örneğin; "Seni dinlemediğim için mi, yoksa seni desteklemediğim için mi bana kızgınsın pek anlayamadım".

Doğru yer, doğru zaman

Bir sorunu gerçekten çözmek istiyorsanız, bunu nerede ve ne zaman ele alacağınızı düşünün. Önemli ve patlamaya hazır bir konuyu, ikinizden birinin zamanı kısıtlı olduğu bir anda tartışmaya çalışmanın anlamı yoktur. Yine kalabalık ya da rahatsız edilebileceğiniz bir yerde bir anlaşmazlığı çözmeye çalışmak da çok anlamlı değildir. Her ikinizin de rahat olabileceği özel bir yer ve zaman seçin.

Taleplerle başa çıkmak

İnsanların sizden, onlar için bir şeyler yapmanızı istediği zamanlar olur. "Evet" demekten mutlu olacaksanız, tamam. Bununla birlikte çoğu insan aslında "Hayır" demek isterken "Evet" der. Taleplerle başa çıkabilmeniz için dört adım vardır.

Adım 1: Ne hissediyorsunuz?

Çoğu insan, bir talep karşısında 'içten gelen' temel tepkisini bastırır. Bazı insanlarsa sadece bastırmakla kalmaz, bazen farkına bile varamayabilir. Birisi sizden bir talepte bulunduğunda, kendinizi bir şekilde rahatsız hissedebilirsiniz. Bu durumda, kendinize neden rahatsızlık duyduğunuzu sorun. Ayrıca kendinize aşağıdaki soruları da sormanız faydalı olabilir.

- Kendimi bir şekilde kullanılmış hissediyor muyum?
- Kendimi 'yapmak zorunda' mı hissediyorum, ve eğer öyleyse, neden?
- Eğer "Hayır" dersem, en kötü ne olabilir?
- Hangi duyguyu hissediyorum (öfke, korku, utanç, vs.)?

Adım 2: "Hayır" demek

Eğer "Hayır" demek istiyorsanız, bunu açıkça söyleyin. Eğer uygun olacağını düşünüyorsanız bir açıklama yapmak tamamen mantıklıdır, fakat mazeret göstermeyin ve kendinizi haklı çıkarmaya çalışmayın. Hissettiklerinizi ya da karşınızdakinin hisleri hakkındaki düşüncelerinizi ifade etmeniz faydalı olabilir. Örneğin; "Zaten elimdeki yükümlülükleri yerine getirmekte zorlandığım için, fazladan çalışmaya 'Hayır' demeliyim" demek bir açıklama yapmaktır. Fakat, "John bir rapor hazırlamamı istedi. Sue ofisi tekrar düzenlememi bekliyor. Evde zamanımı alan sorunlar var. Karım kendisiyle ve çocuklarla yeterince vakit geçirmediğimi düşünüyor ve bazı sağlık sorunlarını halletmem gerekiyor" demek, kendinizi haklı çıkarmaya çalışmaktır. Bu ifade gerekenden daha fazla bilgi içermektedir ve bunu söyleyen kişi kendisini fazlaca açıklama ihtiyacı duymaktadır. Bu durum, genelde kişinin "Hayır" dediği için kendini kötü hissettiği ve konumunu haklı çıkarmaya çalıştığı anlamına gelir.

Adım 3: "Evet" demek

Eğer "Evet" demek istiyorsanız, bunu açıkça söyleyin. Eğer "Evet" demekten mutluysanız, fakat vermeye hazır olduğunuz şeyde değişiklik yapmak istiyorsanız, o zaman size uyan koşulları anlatın. Örneğin; "İstediğiniz raporu yazabilirim, fakat pazartesiye yetiştiremem. Yine de çarşamba sabahı size ulaştırabilirim".

Adım 4: Emin değilseniz

Eğer ne yapmak istediğinizden emin değilseniz, o zaman:

- Kararınızı vermenize yardımcı olması için daha fazla bilgi isteyebilirsiniz.
- Kararınızı değerlendirmek için biraz daha zaman isteyebilirsiniz. Ne de olsa, kararlar her zaman çok da kesin değildir ve kötünün iyisini seçmek zorunda kalabilirsiniz. Böyle bir durumda, bir karara varmadan önce, olumlu ve olumsuz yönlerin her ikisini de değerlendirebilirsiniz.
- Eğer uygun olduğunu düşünüyorsanız, bir uzlaşma önerebilirsiniz. Bu, sizden talep edileni, karşılayabileceğiniz bir hale getirmenin bir yoludur.
- 'Dolaylı hayır' kullanmamaya dikkat edin; karşınızdakinin talebini geri almasını hedefleyen yollar kullanarak, "Hayır" demekten kaçınmak anlamına gelir. Bu tip bir davranış, istenen şeyi yapmak istemediğinizi, ama "Hayır" da demek istemediğinizi gösterir! "Hayır" demek istiyorsanız, "Belki" demeyin. Karşınızdaki kişi size tekrar sorabileceği ya da sinsi davrandığınızdan dolayı size karşı kötü niyet besleyebileceği için, böyle yaklaşımlar bir işe yaramaz.

Eleştiri kabul etmek

Çoğu insan eleştiri kabul etmekte zorlanır. Bazı kişiler eleştirinin, bir şekilde yetersizliklerini gösterdiğine ya da eleştiri karşısında haksız yere hedef alındıklarına inanır. Eleştirilmeyi sevmeseniz de ya da söylenenlerle her zaman aynı fikirde olmasanız da eleştiri, kişisel ya da profesyonel olarak gelişmenize olanak sağlayan değerli bir bilgidir. Adil bir şekilde eleştirildiğiniz bir zamanı hatırlamaya çalışın. O zaman ne hissettiğinizi, söylenenleri nasıl düşündüğünüzü ve söylenenden nasıl ders çıkardığınızı hatırlayın.

Eleştirileri kabul edebilmek için:

- Eleştirinin tam olarak neyle ilgili olduğundan emin olun. Bu, daha fazla bilgi istemeniz anlamına gelebilir. Örneğin; "Benim cimri olduğumu ve gezi masraflarına yeterince katkıda bulunmadığımı söylüyorsun. Ne demek istediğini anlayabilmem için biraz daha örnek verirsen iyi olur".
- Söylenenleri değerlendirmek için daha fazla zaman isteyebilirsiniz. Ne de olsa, ne düşündüğünüzü ya da hissettiğinizi hemen fark etmek zor olabilir.
- Eğer gerekliyse daha fazla bilgi isteyin ve söylenenleri değerlendirmek için zamana ihtiyaç duyduğunuzu açıkça ifade edin. Şartlar elverdi-

ğince, karşınızdakine ne zaman geri döneceğinizi söyleyin. Örneğin; "Katkılarım ya da sana göre katkıda bulunmayışım hakkında kesin fikirlere sahip olduğunu anlayabiliyorum. Fakat bana örnekler verdiğin halde söylediklerini düşünmem gerek ve yarın akşam tekrar konuşmamızı öneriyorum".

- Söylenenleri düşündükten sonra, eleştirinin geçerli olup olmadığına karar vermeniz gerekir. Söylenenlere katılıyorsanız, eleştiriyi kabul etmeniz ve gelecek değişiklikleri tartışmanız gerekir. Örneğin; "Dün söylediklerini düşündüm ve zannettiğim kadar adil ya da düşünceli olamadığımı anladım. Sanırım bu katkılar konusunda daha adil bir sistem bulmamız gerekiyor".
- Söylenenlere katılmıyorsanız, katılmadığınızı kendinize güvenerek belirtin ve özür dilemeyin. Örneğin; "Dün söylediklerini düşündüm ve sana katılmıyorum. Seninle oturup her birimizin ne kadar katkıda bulunacağı konusunda anlaştık ve ben de bu anlaşmaya göre davrandım. Sanırım sen kararlaştırmadığımız şeyleri de dahil ettin ve belki de bunları konuşmalıyız".

Eleştiride bulunmak

Eleştiride bulunmak, bazı insanlar için eleştiri kabul etmek kadar zordur. Olumsuz duygular beslemek ya da sadece olumsuz duyguları karşınızdakine düşünmeden 'kusmak' her iki tarafa da yarar sağlamayacaktır. Eğer bir şirkette yöneticilik yapıyorsanız, er ya da geç personelinizi eleştirmek zorunda kalacaksınız. Eğer ebeveynseniz, zaman zaman çocuklarınızı eleştirmek zorundasınızdır, yoksa ne yapmaları gerektiğini hiçbir zaman öğrenemezler ve başkalarıyla sağlıksız ilişki modelleri oluşturmaya devam ederler.

Eleştiri, kötü sözlerden oluşmak zorunda değildir. Başkalarının fikirlerinden ve bakış açılarından bir şeyler öğrenmek mümkündür ve eğer doğru şekilde yapılırsa eleştiri, karşınızdakini rahatsız etmeden ve ona kaba davranmadan, işleri yoluna sokacak şekilde yapılabilir.

Etkili bir şekilde eleştiride bulunmak

- Tartışacak özel bir yer bulun. Birisi sizi başkalarının yanında eleştirseydi nasıl hissederdiniz? Pek çok insan sonuçlarını düşünmeden aceleyle davranır. Eğer birinin söylediklerinizi düşünmesini istiyorsanız, onun duygularına saygı duymalısınız. Yaşadığınız sorunları konuşmak için, sinema kuyruğu ya da ofisin ortası pek de uygun yerler değildir.

- *Karşınızdakinin davranışı hakkında söyleyebilecek güzel bir şeyler bulmaya çalışın.* Karşınızdakinin kötü yanları kadar iyi yanlarını da vurgulayın. Önemli olan söylediklerinizin doğal olmasıdır. Bazı insanlar karşılarındakini yatıştırmak için bazı şeyleri süslerler. Bu tip yanlış bir davranış hemen fark edilecektir ve karşınızdaki kişi size ve söylediklerinize olan saygısını yitirecektir. Sizin de hayatınızda, size olumlu bir şeyler söylenildiği, ama sizin buna inanmadığınız zamanlar olmuştur. Örneğin, biri size "İyi tatiller!" dediğinde, bunu öylesine söylediğini ve aslında iyi bir tatil geçirip geçirmemenizi umursamadığını bilirsiniz.

Eğer karşınızdaki genelde düşünceli ya da cömert biriyse ya da

başka olumlu özellikleri varsa, bunları dile getirmek yararlı olacaktır. Böyle yapmanız karşınızdakine, olumsuz şeyler söyleseniz

de onun iyi yanlarını da takdir ettiğinizi gösterecektir! Örneğin;

"Bana karşı nazik davranışlarını her zaman takdir etmişimdir. Fakat

bana değer vermediğini hissettiğim zamanlar oluyor".

- *Çok fazla özele girmekten kaçının.* Yorumlarınızda ne kadar özele inebileceğiniz, karşınızdakini ne kadar yakından tanıdığınıza bağlıdır. Durumun özü ve hissettikleriniz üzerine yorum yapmaya çalışın.
- *Karşınızdakinin hatalarını abartmamaya çalışın.* Bazı insanlar durumu olduğundan kötü göstererek, eleştirilerini haklı çıkarmak ister. Örneğin; "Karar veremediğin zamanlarda senin etrafında olmak tam bir kabus". Bazılarıysa iyi ya da kötü birçok şeyi abarttıkları için bunu da abartırlar. Abartmanın kimseye faydası dokunmaz. Güvenilirliğinizi kaybedersiniz, karşınızdaki incinebilir ya da kendisine haksızlık edildiğini düşünebilir ve her ikiniz de bir şey elde edemezsiniz.
- *İnsanların karakterini değil, davranışını eleştirmeniz daha yararlı olacaktır.* Davranışlarınız, kontrol edebileceğiniz bir şeydir, oysa kendinize dair değiştiremeyeceğiniz birçok şey vardır. Örneğin; boyunuzun uzunluğu, aksanlı konuşmanız gibi. Eleştiride bulunurken bunu, karşınızdakinin anlayabileceği ve değiştirebileceği şekilde yapmaya gayret edin. Örneğin; "Seni rahatsız edecek bir şey yaptığımda bunu bana söylemen, bunları içinde biriktirip, sonra da küçücük bir şeye patlamandan daha iyidir".

- *Karşınızdakinin davranışlarından nasıl etkilendiğinizi ve duygularınızı söyleyin.* Örneğin; "Sürekli konuştuğun zaman işime konsantre olmakta zorlanıyorum".
- *Karşınızdakinin söylediklerini dinlediğinizden emin olun.* Etkili iletişim için, aktif katılım ve aktif dinleme gereklidir.
- *Ne olmasını istediğinizi açık bir şekilde belirttiğinizden emin olun.* Örneğin; "Kötü duyguları içimizde biriktirmektense, birbirimizi neden üzdüğümüzü ya da birbirimizde nelere katlanamadığımızı olaylar olduğu anda konuşup anlaşmamızın daha iyi olacağını düşünüyorum".
- *Karşınızdaki kişinin değişmediği takdirde sonucun ne olacağını anlaması gerekir.* Eğer karşınızdaki, belli bir davranışının sizi üzdüğünü ya da ilişkinize zarar verdiğini biliyorsa bu, onu değişmesi için yeterince motive edebilir. Örneğin; "Bana ne hissettiğini söylemez içinde biriktirmeye devam edersen, ilişkimizin zayıflayacağını ve bize zarar vereceğini düşünüyorum".

Engellemeleri aşmak

İnsanların sizi engellemeye çalışmasının birkaç farklı yolu vardır. Fakat eğer onlara izin vermezseniz bunu başaramazlar. Birçok engelleme türü vardır ve bunlar aşağıda verilmiştir.

Sizin adınıza kararlar almak

Sizin adınıza karar almak, kişisel sorumluluğunuzu ortadan kaldıracağı için sizi engeller. Sanki başka biri sizin için neyin doğru, neyin yanlış olduğunu sizden daha iyi biliyormuş gibi. İnsanlar genellikle en doğrusunu bildiklerini ve olayın kontrolünü ele alabileceklerini düşünür. Bu durumda, karşınızdakine, kendi kararlarınızı kendiniz verme yeteneğine sahip olduğunuzu göstermeniz gerekir. Örneğin; "Bana yardım etmek istemeni anlıyorum. Fakat, bu olayı kendim halletmek istiyorum".

Baskı yapmak

Bazen insanlar, bizi bir karar almaya zorlamak ya da söylediklerine uymamız için, hiç beklemediğimiz bir anda üzerimize gelirler. Böyle bir hareket, sizi zor durumda bırakır. Bu durumda, sizden isteneni düşünmek için zaman istemeniz gerekir.

Sizi etiketlendirmek

İnsanların sizi 'aptal', 'salak' ya da 'gülünç' gibi ifadelerle etiketlendirmeye çalıştığını fark edebilirsiniz. Bu durumda, bunun doğru olmadığını ve size isimler takılmasını kabul etmeyeceğinizi açıkça anlatmanız gerekir. Örneğin; "Söylediğini yanlış anlamış olabilirim, ama bu benim gülünç olduğum anlamına gelmez".

Kategorize etme

Bazıları sizi, "Bütün kadınlar..." ya da "Bir erkekten başka ne bekleyebilirsin ki?" gibi yorumlarla kategorize etmeye çalışabilir. Bu durumda, karşınızdakinin, sizin de bir birey olduğunuzu anlamasını sağlamanız gerekir. Örneğin; "Kendimi nasıl hissettiğimden bahsediyorum ve bunun diğer kadınların tepkileriyle hiçbir ilgisi yok".

Yalan söylediğinizi iddia etmek

Birisi doğrudan ya da dolaylı olarak doğru söylemediğinizi iddia edebilir ki, bundan yalan söylediğiniz sonucu çıkarılabilir. Bu durumda, söylediklerinizin açık olması gerekir. Örneğin; "Bana göre, Jane ofisten ayrılması gereken son kişiydi".

Engellemelerle başa çıkmak için kullanabileceğiniz diğer yollar

- Karşınızdakinin sizi engellediğini düşündüğünüzü açıkça söyleyin.
- Neler olduğundan emin değilseniz, daha fazla bilgi isteyin ve karşınızdakinin 'gizli bir niyeti' olup olmadığını anlamaya çalışın.

- Ne istediğiniz konusunda açık olun.
- Kararlı olma becerilerinizi kullanmayı unutmayın.

Özgüvenli Davranışlar Oluşturmak İçin Eylem Planım

Aşağıdaki sorular üzerinde tek tek düşünün ve öğrendiklerinizi de kullanarak, özgüvenli davranışlar oluşturmak için eylem planınızı tamamlayın.

1. Zaten ustalıkla kullanabildiğim özgüvenli davranışlar nelerdir?

   ....

   ....

   ....

   ....

2. Hangi özgüvenli davranışlar üzerinde daha fazla çalışmalıyım?

   ....

   ....

   ....

   ....

3. Özgüvenli davranışları nerede ve nasıl çalışabilirim?

....

....

....

4. Bu becerileri gerçekten çalışabildiğimden nasıl emin olacağım? Karşıma neler çıkabilir?

....

....

....

....

5. Gelişimimi kontrol edeceğim tarih ne olmalı?

....

....

....

....

6
Özgüvenli Bir Hayatın Gerekleri

Artık daha olumlu bir sonuca ulaşabilmeniz için, insanlarla etkileşim yollarınızı geliştirecek becerilere sahipsiniz. Kişisel becerileriniz olmasına rağmen, gerçekten özgüvenli bir hayat yaşadığınızı söylemeden önce değerlendirmeniz gereken birkaç alan daha var.

Zaman Yönetimi

Herkes zamanı nasıl yöneteceğini bilmek ister. Eğer zamanınızı etkin bir şekilde kullanamıyorsanız, hayatınızı yoluna koymak için kendinize verdiğiniz sözlere sadık kalamazsınız. Olayların başka türlü olmasını istediğinizi ve dilediğinizi, fakat yeni becerilerinizi çalışmak için vaktiniz olmadığını söyleyebilirsiniz. Eğer çalışmazsanız, olasılıkla hiçbir şey değişmeyecektir. İşlerinizi dengelemek, günlük aktiviteler, ev ve sosyal hayatınız gibi zamanınızı alan birçok çelişik taleple karşılaşırsınız.

Zaman değerlidir. Kaç kez "İstiyorum ama zamanım yok" ya da "Yapılacak çok şey var" dediğinizi fark etmişsinizdir. Çok fazla aktivite yorgunluğa neden olur, azı ise sıkıntı ve engellenmişlik hissine. Bir haftada 168 saat ve 365 günlük bir yılda 8,736 saat vardır, yani sınırlı bir zaman içinde vaktinizi en iyi şekilde değerlendirmek önemlidir.

ALIŞTIRMA

Zaman yönetimi için nelere ihtiyacınız olduğunu bulmak için, bir hafta boyunca yapmanız gereken aktiviteleri düşünün ve bunları Tablo 17'de sıralayın.

Tablo 17: Haftalık zaman dağılımı

Aktivite	Zaman dağılımı
Örneğin; Aile bağları, seyahat	

Zamanınızı etkin bir şekilde ayarlamak

Kendinize aşağıdaki soruları sorun:

1. Yapmak istediklerimi yapabilmek için zamanım var mı?	Evet/Hayır
2. Yapacak çok şeyim olduğu için aktivitelerimi erteliyor muyum?	Evet/Hayır
3. Yeterince zaman olmadığını mı düşünüyorum?	Evet/Hayır
4. Zamanımı nasıl kullandığımı hiç düşündüm mü?	Evet/Hayır
5. Zamanımı kullanış şeklimden memnun muyum?	Evet/Hayır

2. ve 3. sorulara "Evet" cevabı verdiyseniz ve 1., 4. ve 5. sorulara "Hayır" dediyseniz, zamanınızı nasıl kullandığınızı ve etkili olup olmadığını değerlendirmeniz gerekir.

Zaman dağılım pastası

Zaman altı alana ayrılabilir ve bunu görmek için bir daire çizmeniz ve bunu "Zaman dağılım pastasınız" olarak isimlendirmeniz yararlı olabilir. Aşağıdaki altı alanı düşünün ve pastanızı, bir haftalık zaman dağılımınızı tam olarak temsil edebilecek şekilde parçalara ayırın.

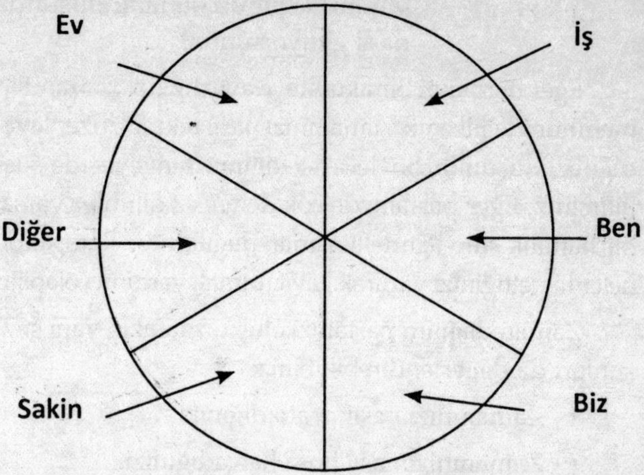

Şekil 9 Zaman dağılım pastası

İş zamanı	Çalışmaya ayrılmış zaman, maaşlı ya da gönüllü.
Ev zamanı	Ev işleri/bakım, kişisel bakım ve bahçe için ayrılmış zaman.
Diğer zamanlar	Ailemiz, arkadaşlarımız ve çocuklara ayrılan zaman.
'Ben' zamanı	Hobiler, rahatlama, egzersiz ve uyumaya ayrılan zaman.
'Biz' zamanı	Eşimizle geçirdiğimiz zaman.
Sakin zaman	Düşünüp taşınmak ve değerlendirmek için ayrılan zaman (örneğin; kendi

yaşam koçunuz olma konusunda nasıl gidiyorsunuz).

Eğer herhangi bir aktiviteye ayırdığınız zamandan memnun değilseniz, zamanınızı nasıl tekrar düzenleyeceğinizi düşünün, böylece istediğiniz dengeyi elde edebilirsiniz. Eğer pastanızda çok dengesiz dilimler varsa, bir haftalık süre içindeki zaman dağılımınız karşısında neler hissettiğinizi yazarak kayıt tutmak yardımcı olabilir.

Zaman dağılım pastanızı oluşturmanızın yanı sıra, şunları da değerlendirebilirsiniz:

- Zamanınızı nasıl ayarladığınızı.
- Zamanınızı nasıl boşa harcadığınızı.
- Zaman yönetiminde nasıl daha etkili olabileceğinizi.
- Hoşlandığınız şeylere nasıl daha fazla vakit ayırabileceğinizi.
- Hoşlanmadığınız şeyleri nasıl azaltacağınızı.

Haftanın bitiminde, zamanınızı nasıl harcadığınız ve daha fazla ya da daha az zaman ayırmak istediğiniz şeyler hakkında daha çok fikre sahip olmalısınız.

Aktif zaman

Günün bazı saatlerinde kendinizi daha zinde hissettiğiniz için, biyolojik saatiniz, zaman yönetiminizi etkiler. Örneğin; bazı insanlar sabahı tercih ederler, sabahları enerji dolu olurlar, fakat öğleden sonra yorgunluk hissetmeye başlarlar. Bu durumda, zor işleri, mümkün olduğunca, kendinizi en enerjik hissettiğiniz saatlere bırakmak yerinde olur. Gün içinde kendinizi en iyi hissettiğiniz zaman, sizin aktif zamanınızdır.

Duygusal zekanızı kullanarak karşınızdakinin aktif zamanını anlamaya çalışmak da yararlı olacaktır, böylece bazı insanlara günün hangi saatinde en verimli şekilde yaklaşabileceğinizi bulabilirsiniz. Unutulmamalıdır ki, eğer sizin gün içinde kendinizi daha iyi hissettiğiniz saatler varsa, başkalarının da böyle zamanlarını bularak olumlu bir sonuca varabilirsiniz.

Zaman yönetimi yöntemleri

Zaman yönetimi için göz önünde bulundurulması gereken üç yöntem vardır:

1. Yapmanız gereken işlerin kaydını tutmak için kontrol listeleri ve notlar kullanın.
2. Zamanı planlamak için takvimler ve randevu defterleri kullanın.
3. Kısa-orta-uzun vadeli hedeflerinize ve kişisel değerlerinizi, arzularınızı değerlendirmeye odaklanın.

Kötü organizasyon

Kötü organizasyon karşımıza çeşitli şekillerde çıkabilir.

- Kötü dosyalama sistemi (örneğin; dosyalama düzenli olarak yapılmamış). Bilgi ararken zaman kaybedilebilir.
- İlgili bilgiye ulaşmak için bir sistemin olmaması (örneğin, kağıtlar ve belgeler bir dosyaya gelişigüzel atılmış olabilir).
- Yollanan her şeyi ayrım yapmaksızın saklamak, yer kaplamak, ayrıca bunları yerleştirmek için zaman harcamak; 'ya gerekirse' prensibi.

Ofisi 'kağıt-yığını' haline gelen bir meslektaşım, zor da olsa dağınıklığı eşinin 'toplamasına' izin vermeyi daha faydalı buldu. Bu işlem 40 büyük çöp torbasının gereksiz bilgiyle doldurulmasıyla sona erdi! Gerekli olmayan şeylerden kurtulmak zaman kazandırabilir, fakat sorunun tekrarlanmasını önleyecek uygun bir sistem getirilmezse bu da işe yaramayacaktır. Örneğin; işe yaramayan mektupları acımadan atın ve gerekli belgeleri düzenli olarak dosyalayın.

Verimsiz sosyal ilişkiler

Stres yönetimi açısından baktığımızda, düzenli sosyal ilişkiler çok önemlidir. Bununla birlikte, eğer başka şeyler yapmanız gerektiği halde, işinizde ya da arkadaşlarınızla geçirdiğiniz zamanlarda verimsiz tartışmalara gereğinden fazla zaman ayırıyorsanız şunları değerlendirmeniz gerekir:

- Konuşmaları kısa tutun.
- Bir telefon konuşmasını etkin bir şekilde ayarlamak için, yanınızda size zamanı hatırlatacak bir saat bulundurun.
- Kararlı olmak için üç-adım modelini nasıl kullanacağınızı öğrenin.

Adım 1	Sorununu anlıyorum. Örneğin; "Benimle konuşmak istemeni anlıyorum".
Adım 2	Fakat, ...hissediyorum ya da düşünüyorum. Örneğin; "Fakat, raporumu bitirmem gerektiğini düşünüyorum".
Adım 3	...ve şunu öneriyorum. Örneğin; "...ve seni bütün dikkatimle dinleyebilmem için saat 10:00'da konuşmayı öneriyorum".

Zaman yönetimi sistemleri

Basit bir zaman yönetim sistemi, aşağıdakilerin hepsini ya da bir kısmını kapsayabilir:

Günlükler, kişisel ve elektronik ajandalar

Günlükler ve kişisel ya da elektronik ajandalar, randevularımızı ve ileriye dönük planlarımızı kaydetmek için kullandığımız araçlardır. Eğer bir günlük ya da kişisel ajanda kullanıyorsanız, randevularınızı kurşunkalemle işaretlemeyi tercih edebilirsiniz, çünkü randevu tarihleri değiştiğinde kurşunkalemle yazılmış yazıları silmek daha kolaydır. Eğer elektronik bir ajanda kullanıyorsanız, bilgilerinizin bir şekilde kaybolmasını önlemek için verileri düzenli olarak yedeklemeniz gerekir.

Eğer bir bilgisayar ya da elektronik ajanda kullanıyorsanız, bilgileri ne kadar sık yedeklerseniz, bir kaza sonucu verilerinizi kaybetmeniz gibi olası aksaklıkları önlemeniz o kadar kolay olacaktır. Ayrıca kişisel ajandalar gibi mekanik sistemleri de veri kaybına karşı yedeklemeniz yerinde olabilir, çünkü bunların kaybı da sizi zor durumda bırakabilir. Örneğin; bir tanesini düzenli olarak yenilediğiniz iki adres defteri tutabilirsiniz.

Yapılacaklar listesi

Yapılacaklar listesi, bir çeşit yedek hafızadır. Yapılacak işlerinizi kaydetmenizin yanı sıra, önceliklerinizi aşağıdaki gibi A, B, C olarak düzenleyebileceğiniz basit bir sınıflandırma sistemi olarak kullanılabilir.

A = Acil işler, hemen ilgilenmenizi gerektiren işlerdir. Örneğin; yapılması gereken telefon konuşmaları, yazılması gereken raporlar, günün belli bir saatine yetişmesi gereken bilgiler.

B = Önemli işler, yakın gelecekte ilgilenmenizi gerektiren işlerdir.

Örneğin; tatil için yer ayırtmak, bir nikah için yeni bir kıyafet almak.

C = Zorunlu olmayan ya da acil olmayan işler. Örneğin; yeni bir restoran hakkında bilgi edinmek ya da seneye başlayacağınız akşam kursları.

Post-it notları

Bazı kişiler, acil işlerini hatırlamak için, her an gözlerinin önünde olacak post-it'ler kullanmayı tercih ederler. Zaman yönetimi ve özellikle de önceliklerini belirleme konusunda kendini geliştirmek isteyenler için post-it notları oldukça etkili bir yöntem olabilir.

Dosyalama sistemleri

Taşınabilir ve kilitlenebilir bir dosyalama sistemi, evle ilgili belgelerinizi ya da diğer önemli belgeleri saklamak için yararlı olabilir. Aradığınız bir şeyi hemen bulmak, size gerçekten zaman kazandırabilir.

Özet

Zaman yönetimi, günlükler ve bilgiye rahat ulaşmakla ilgili olduğu kadar tutumlar ve düzenle de ilgilidir. Etkili zaman yönetimi demek, ne yaptığınızı, nasıl yaptığınızı ve bu kıt kaynaktan en iyi ne şekilde yararlanabileceğinizi düşünmektir. Ne de olsa, çoğu şeyin aksine, zaman ileride kullanılmak üzere saklanılabilen bir şey değildir.

Zamanınızı etkin bir şekilde kullandığınızdan emin olmak için, yukarıda gerekli bir aktivite olarak anlatılan 'sakin' zamanınızı oluşturmanız gerekir. İş yaşamında, kıdemli kişiler, yoğun iş programlarından başlarını kaldırıp ne yaptıklarını düşünmeye zaman ayırırlar. Bu tür bir aktivite, bugünü değerlendirirken geleceği de düşünmenizi sağlar.

Zaman Yönetimi İçin Eylem Planım

Aşağıdaki sorular üzerinde tek tek düşünerek ve bu bölümde anlatılan aktiviteleri de göz önünde bulundurarak, zaman yönetimi için eylem planınızı tamamlayın.

1. Zaten ustalıkla kullanabildiğim zaman yönetimi teknikleri nelerdir?

....

....

....

....

2. Hangi zaman yönetimi teknikleri üzerinde daha fazla çalışmalıyım?

....

....

....

....

3. Bu becerileri gerçekten çalışabildiğimden nasıl emin olacağım? Karşıma neler çıkabilir?

....

....

....

4. Gelişimimi kontrol edeceğim tarih ne olmalı?

....

....

....

....

Stresle Mücadele

Stres, bir kişiden beklenenlerle, kişinin bu beklentileri karşılamak için sahip olduğu kişisel ve dış kaynakları arasındaki karmaşık ilişkiyi barındırır.

Sizden gelen talepler 'içsel' olarak değerlendirilebilir. Örneğin; kendi düşünce tarzınız. Mükemmeliyetçi kişiler, kendi üzerlerinde baskı yaratırlar ve bu baskı başkaları tarafından gelen bir talep olmadığı için, içsel bir taleptir. Sahip olduğunuz kaynaklar; fiziksel sağlığınız, mali güvenliğiniz, sosyal ve ailevi desteğiniz gibi faktörlerden oluşur. Sahip olduğunuz kaynaklardan fazlasını gerektirecek taleplerde bulunmamak için, bir denge sağlamanız gerekir. Eğer talepler kaynakları aşarsa, bununla başa çıkamayacağınızı hissedebilirsiniz ve bu da stres olarak bilinen şeyin başlangıcıdır.

Bazı insanlar sağlıklı ve sağlıksız stresten bahsederler, bu da stresin bir şekilde yararlı olabileceği anlamına gelmektedir. Ben her zaman, 'baskı' ve 'stres' ifadelerini kullanmanın daha yerinde olacağını düşünmüşümdür.

Baskı, sağlıklı ve sizi motive edebilecek bir şeydir. Bazı insanlar, 'son teslim tarihi' ve yapılması gereken bir sürü şeyle baskı altında yaşamaya bayılırlar. Baskının stresten farkı, baskı altında olduğunuzda sizden beklenenleri karşılayacak yeterli kaynağa sahip olmanızdır. Ancak çok fazla baskı geldiğinde, çok uzun sürdüğünde, aniden gelip kontrolü kaybedeceğinizi hissetmenize sebep olduğunda, baskı strese dönüşür.

Stres oldukça kişisel bir sorundur. Arkadaşınızı strese sokan bir durum sizi hiç etkilemeyebilir ya da tam tersi geçerli olabilir. Bir olay, hayatınızın bir döneminde sizin için stres yaratabilir, fakat yaşınız ilerledikçe bu durumla başa çıkabilmek için ek kaynaklar geliştirebilirsiniz.

Çalışmak büyük bir stres kaynağı olabilir; zaman baskısı, fazla iş yükü, iş arkadaşlarıyla/yöneticilerle zayıf ilişkiler, organizasyonunuzla iletişiminizin zayıf olması, sürekli değişime maruz kalma, işleri yapmak için gerekli eğitimin verilmemesi ve iş güvensizliği gibi faktörlerin her biri önemli bir rol oynar. Özel hayatınızda da stres yaşayabilirsiniz; ailevi sorunlar, hayatınızla ilgili değişiklikler/krizler, evde ya da işte artan talepler gibi faktörlerin hepsi bizleri etkiler.

Stres belirtileri

Stresten yakınan kişiler başlıca dört kategoriye ayrılan birçok belirti yaşayabilirler; fiziksel (vücut tepkileriniz), duygusal (hissettikleriniz), davranışsal (yaptıklarınız) ve kişisel düşünce tarzı (düşünme biçiminiz).

Aşağıda dikkat etmeniz gereken bazı yaygın bulgu ve belirtiler verilmiştir.

Fiziksel belirtiler

- Göğüste darlık
- Göğüs ağrısı ve/veya çarpıntı
- Sindirim güçlüğü
- Soluksuzluk
- Bulantı
- Kaslarda seğirme
- Ağrı ve sancılar
- Baş ağrıları
- Cilt sorunları
- Eski hastalıkların/alerjilerin nüksetmesi
- Kabızlık/ishal
- Kilo kaybı ya da kilo artışı
- Bayanlar için adet düzensizlikleri
- Yorgunluk

Duygusal belirtiler

- Değişken ruh hali
- Endişeli hissetmek
- Gergin hissetmek

- Öfkeli hissetmek
- Suçluluk duymak
- Utanç duyguları
- İsteksizlik
- Sinikleşme
- Kontrolden çıkmış hissetme
- Çaresizlik hissetme
- Özgüven/özsaygıda düşüş
- Zayıf konsantrasyon

Davranışsal belirtiler

- İş performansında düşüş
- Daha çok sakarlık yapma eğilimi
- Daha fazla içki ya da sigara içmek
- Aşırı yemek/iştah kaybı
- Uyku düzeninde değişiklikler
- Zayıf zaman yönetimi
- Dinlenmeye fazla zaman ayırmak
- Aile ve arkadaşlardan uzaklaşmak
- Sekse karşı ilgi kaybı
- Zayıf muhakeme
- Duyguları ifade etmekte zorlanma
- Aşırı tepki verme

Kişisel düşünceler

- "Ben bir fiyaskoyum."
- "Baş edebilmeliydim."
- "Niye herkes bana kötü davranıyor?"
- "Kimse beni anlamıyor."
- "Ne yapacağımı bilmiyorum."
- "Baş edemiyorum."
- Muhakeme kaybı.

Strese nasıl tepki veririz

Bedenlerimiz 'stres tepkisi' ile biyolojik olarak programlanmıştır. Çoğu insan bunu 'kaç ya da savaş' olarak bilir. Tehlike algıladığınız zaman, vücudunuz harekete geçmeye hazırlanır. Adrenalin, noradrenalin, kortizol gibi stres hormonları; yağ asitleri ve şekerle birlikte kan dolaşımına salınır.

Adrenalin genelde tepkinin 'kaç' kısmıyla ilgilidir, noradrenalin ise 'savaş' kısmıyla ilgilidir ve kortizol de 'açma/kapama' düğmesi olarak çalışır. Gerektiği zamanlarda stres tepkisini yardıma çağırmak önemlidir, fakat bunu kapatmayı becerebilmek de çok önemlidir.

Stres tepkisi, yaşamda karşılaştığınız olaylarla başa çıkmanıza yardımcı olur. Bununla birlikte eğer biyolojik olarak sürekli tetikte beklediğiniz bir durumda bulunuyorsanız, bağışıklık sisteminiz zayıflar. Buna uzun süreyle maruz kaldığınızda depresyon ve sinir bozukluğuna yol açabilir.

İyi haber şu ki, stresin gelişimi daha çok bir tren yolculuğu olarak görülebilir. Yanlış trene binebilirsiniz ve gerçeği ne kadar çabuk fark edip trenden inerseniz, başlangıç noktanıza dönmek için o kadar az yol kat etmeniz gerekir. Ne yazık ki, kimileri sınırlarını fark etmezken, kimileri için de dış talepler o kadar uzun süreli ve aşırıdır ki, tren yolculukları yolun sonuna gelene kadar sürer.

Özetle, stres tepkisi, insanoğlunun hayatta kalması için önemlidir. Fakat, birçok şeyde olduğu gibi, iyi şeylerin de fazlası zararlıdır. Stres, insanların güvenini kırar.

Stres yaratan yaşam olayları

1967'de, iki Amerikalı psikolog, Thomas Holmes ve Richard Rahe, stresli olarak değerlendirilebilecek 43 olayın yer aldığı bir liste yayınladılar. Her olaya sebep olduğu stres düzeyini gösteren bir puan verilmişti. Aşağıdaki listede, ilk yedi sırada yer alan olaylar stres düzeyini gösteren puanlarıyla birlikte verilmiştir.

Olaylar	*Puan*
Eşin ölümü	100
Boşanma	73
Evlilikte ayrılık	65
Hapse girme	63
Yakın bir aile üyesinin ölümü	63
Kişisel hastalık ve sakatlanmalar	53
Evlilik	50

Yukarıdakilerin yanı sıra şu öğeler de bulunmaktadır:

- Bayram tatilleri
- Hamilelik
- Cinsel sorunlar
- Hukuki davalar
- Ev taşıma
- Okul değiştirme
- Yaşam koşullarında değişiklik
- İş koşullarında ya da saatlerinde değişiklik
- Eş ya da aile ile yaşanan tartışmalar
- Evlat edinme ya da doğum

Yaşam olaylarının etkilerini tanımanın bir faydası da, stresli olayları önceden görüp ona göre davranmanıza yardımcı olmasıdır. Örneğin; bebek sahibi olmanın stresli bir şey olduğunu bilirseniz, size yardımcı olabilecek stres yönetimi tekniklerini önceden değerlendirebilirsiniz. Genelde keyifli oldukları düşünülen yaşam olaylarının da stres değeri taşımaları çoğu insanı şaşırtır. Örneğin; evlenmek, bebek sahibi olmak ya da terfi etmek. Güzel deneyimler, genelde belirli değişikliklere neden olurlar. Bu değişiklikler yaşam tarzımızla ilgili olabilir ve yaşanan stresle mücadele etmek için yeni beceriler edinmemiz gerekebilir.

Stresinizi yönetmek

İşlerin yoluna girmesini beklemeyin. Hissettiğiniz stresi, çok küçük bir miktar bile olsa, azaltabilmek için bazı şeyler yapabileceğinizi unutmayın.

Kendinize şu şekilde yardım edebilirsiniz:

* Stresli eylemleri önceden tahmin edip plan yaparak.
* Stres kaynaklarınızı tanımlayarak.
* Stresle başa çıkmak için stratejiler oluşturup bunları çalışarak.

- Kendinize güçlü bir destek ağı oluşturun ya da mevcut ağınızı sürdürün. Araştırmalar, böyle yapan kişilerin yaşamla daha kolay baş edebildiklerini ve aksamalar karşısında kendilerini daha çabuk topladıklarını göstermektedir.

- Duygularınızı kabul edin ve başkalarıyla paylaşın.
- İhtiyacınız olduğunda yardım isteyin ve size yardım teklif edildiğinde bunu kabul edecek kadar samimi olun. Daha önce başkaları sizden yardım istemiş olabilir, şimdi de yardım kabul etme sırası sizde.
- Neyin yanlış gittiğini ve bu konuda ne yapmanız gerektiğini bulmak için, bir yaşam denetimi (bkz. Sayfa 29) yapmanız gerekebilir.

Gevşeme

Gevşeme, stresle mücadelede önemli bir rol oynar. Aşağıdakiler için kendinize zaman ayırın:

- Keyifli bir banyo yapın, mumlar yakın, suya birkaç damla lavantalı aromaterapi yağı damlatıp keyfini çıkarın.
- Hafif bir müzik çalın, gözlerinizi kapatıp gevşeyin.
- Bahçenizin ya da etrafınızdaki parkların keyfini çıkarın, etrafınızdaki dünyayı görmek için zaman ayırın.

Uyku

Fizyolojik ve psikolojik sağlığınız için ihtiyaç duyduğunuz uykuyu almanız önemlidir. Yorgun olduğunuzda kendinize güvenmeniz zor olur. Hayatta kalabilmeniz için uyku zorunludur ve araştırmalar uykunun niteliğinin niceliğinden daha önemli olduğunu göstermektedir. Çok az ya da fazla uyumak, performans zayıflığına yol açabilir ve gereken uyku miktarı kişiden kişiye değişiklik gösterir. Çoğu insan yedi saat uykuya ihtiyaç duyarken bazıları dokuz, bazılarıysa sadece beş saat uyur.

Genellikle olumsuz belirtilere neden olan, uykumuzun kaçması değil de, uykumuz kaçacak diye duyduğumuz endişedir. Çoğu kişi, uyumadan önce uykusu kaçacak diye korkarak geçirdikleri süreden dolayı, aldıkları uykunun miktarını tam olarak tahmin edemez.

En önemli uyku, rüya görmeyle bağlantılı olan "Hızlı Göz Hareketleri" (Rapid Eye Movement) yani REM uykusudur. Uyandığımızda rüya gördüğümüze dair hiçbir şey hatırlamasak da, hepimiz rüya görürüz.

Stres, uyku sorunlarına yol açan sebeplerin başında gelir ve insanlar genellikle geceleri yataklarına yatıp sorunlarını düşünerek ya da korkuyla geleceği düşünerek uykusuz kalır.

Eğer uyku sorunları yaşıyorsanız, şunlar yardımcı olabilir:

- Uykunuzu düzenlemeye çalışın. Sütte uykusuzluğa iyi gelen triptopan olduğu için, yatmadan önce ılık, sütlü içecekler için.
- Ilık duş alın ve gevşetici yağlar kullanın.
- Gündüzleri uyumayın.
- Kafeinli içecekler içmeyin. Kafein uyarıcıdır ve geceleri sizi uykusuz bırakabilir. Gündüzleri çok fazla kahve içmek, uykusuz kalmanıza neden olabilir.
- Gece geç saatte yemek yemeyin.
- Gündüzleri biraz egzersiz yapın. Egzersizlerinizi akşamüstü yapmanız yararlı olabilir.
- Sayfa 101'de anlatılan gevşeme egzersizlerini kullanın.
- Uyuyacağınız yerin olabildiğince hoş olmasına özen gösterin.

Stresle Mücadele İçin Eylem Planım

Aşağıdaki sorular üzerinde tek tek düşünün ve stresle mücadele için eylem planınızı tamamlayın.

1. Zaten ustalıkla kullanabildiğim stresle mücadele teknikleri nelerdir?

   ....

   ....

   ....

   ....

2. Hangi stresle mücadele teknikleri üzerinde daha fazla çalışmalıyım?

   ....

   ....

   ....

   ....

3. Stresle mücadele becerilerimi nerede ve nasıl çalışabilirim?

   ....

   ....

   ....

   ....

4. Bu becerileri gerçekten çalışabildiğimden nasıl emin olacağım? Karşıma neler çıkabilir?

....

....

....

....

5. Gelişimimi kontrol edeceğim tarih ne olmalı?

....

....

....

....

Güven Diyeti

Bugünlerde, sağlıklı yemek yemeyle ilgili bilgileri görmezden gelmek imkansız hale geldi. Bununla birlikte, yediklerimiz, güven seviyemizi ve duygusal yeteneklerimizi de etkiliyor.

Yukarıda stresle mücadele bölümünde de anlatıldığı gibi, vücudumuz stres hormonları üretir ve algılanan krizlerle baş edebilmemiz için yağ asitleri ve şeker salgılar. Böyle olaylarla karşılaştığımızda, vücudumuzun doğal kan şekeri seviyesi bozulur. Öfkelendiğimizde ya da endişelendiğimizde de bunlar aynı şekilde hareket eder. Kan şekerimiz, vücudumuza gerekli olan yakıt ihtiyacını düzenlemeye yardımcı olur. Kan şekerimizin düşmesi ya da düşük kan şekeri seviyesi (hypoglycaemia), endişe belirtilerinin ortaya çıkmasına neden olur.

Kan şekerinde meydana gelen düşüş, sinir sistemimizde endişe, karışıklık ve panik atak gibi tepkilere yol açar. Çok fazla miktarda rafine şeker içeren ya da yetersiz protein ve yağ içeren diyetler; kahve ve kolalı içeceklerle birleştiğinde bu durumun ortaya çıkmasına katkıda bulunurlar.

Vitamin ve mineral yetersizlikleri de yine endişe duygularına yol açar. Magnezyum, çinko ve triptopan amino asitleri eksikliğiniz olabilir ya da bazı besinlerin aşırı tüketilmesi sinir sisteminizi hızlandırabilir ve bunlar da endişe duygularına neden olur. Potasyum, sodyum, fosfor ve bakır böyle mineraller arasındadır.

Tiroit ya da böbreküstü bezlerinizin fazla çalışması da, mineralleri yeterince almanıza ve kullanmanıza engel olacağı için, duygularınızı etkileyebilir. Sonuç olarak, endişe duygularıyla karşılaşabilirsiniz. Tiroit bezlerinin az çalışması ise, endişe duygularından daha çok depresyona neden olur.

Kendime yardım etmek için ne yapabilirim?

Eğer sağlığınızla ilgili herhangi bir kaygı duyuyorsanız, ilk olarak doktorunuzu aramanız gerekir. Duygusal ve/veya yaşamsal faktörleri değerlendirmeden önce, mutlaka tıbbi koşulların iyileştirilmesi gerektiğine her zaman inanmışımdır.

Aşağıda size yardımcı olabilecek bazı diyet ipuçları verilmiştir:

- Bol bol su için; sadece cildinize iyi gelmekle kalmaz, toksinleri atmanıza ve böbreklerin iyi çalışmasına da yardımcı olur. En iyisi günde sekiz büyük bardak su içmektir. Sade su içmekten hoşlanmıyorsanız, tatlandırıcılar eklemenizde sakınca yoktur. Bununla birlikte, amacınızdan sapmamak için, şekerli tatlandırıcılardan uzak durmalısınız. Meyve çayları içmek de, sıvı almak için iyi bir yol sayılabilir.
- Günde en az altı öğün yediğinizden emin olun; kahvaltı, öğleye kadar bir ara öğün, öğlen, öğleden sonra, çay saati ve akşam yemeği. Az ve sık yiyerek ve öğün atlamamaya gayret ederek, kan şekeri seviyenizin dengede kalmasını sağlayabilirsiniz.
- Yanınızda atıştırmalık sağlıklı bir şeyler bulundurun ve sağlıklı yiyecekleri bulmak zor olabileceği için, bunları birkaç gün için önceden planlayın.
- Genelde içlerinde fazla yağ ve katkı maddeleri olduğu için, hazır yiyeceklerden uzak durun.
- Her gün bir multivitamin hapı alın. İhtiyacınız olan bütün besinleri yediğiniz yiyeceklerden ala-

mayabilirsiniz, bu yüzden de multivitamin hapları bu açıkları kapatmanıza yardımcı olacaktır.

- Kahve, çay, kolalı içecekler ve çikolatadan uzak durmaya çalışın, çünkü bütün bunlar değişken miktarlarda kafein ihtiva ederler. Sevdiğiniz şeylerden bir parça bile yiyememek size zor gelebilir, bu yüzden ara sıra çikolata yemek isterseniz, içinde daha fazla kakao ve daha az şeker bulunan pahalı çikolataları tercih edin.
- Sağlık sorunlarına yol açabileceği için doymuş yağlardan uzak durun. Yağ açısından yüksek bir diyet, aynı zamanda yüksek seviyede kolesterol içerecektir. Bu tür yiyeceklerde büyük oranda, göğüs, kolon ve prostat kanseri, ayrıca da koroner kalp hastalığı riski mevcuttur.
- Fazla alkol almaktan kaçının; alkol su kaybetmenize neden olur. Ruhsal durumunuzdaki çalkantıları, depresif belirtileri arttırır ve saldırganlığı tetikler.
- Fazla miktarda tuz (sodyum) almaktan kaçının, ihtiyacımız olan miktarın dörtte biri zaten yediğimiz yiyeceklerde doğal olarak bulunur. O kadar azına ihtiyaç duyarız ki, günlük yiyeceklerimizden aldıklarımızla bile hayatta kalabiliriz.

Neler yemeliyim?

Bütün mesele, diyeti olabildiğince çeşitlendirmektir. Bununla birlikte, aşağıda fiziksel sağlığınız için olduğu kadar, psikolojik sağlığınız için de yararlı olacak detaylı bir yiyecek listesi bulunmaktadır.

Protein

- Et, tavuk
- Balık, kabuklu deniz ürünleri
- Fasulye ve bakliyat
- Soya ürünleri

Karbonhidratlar

Kompleks:

- Tahıl ekmeği
- Makarna
- Pirinç
- Bezelye ve fasulye
- Sebzeler
- Meyve ve kabuklu yemişler

Rafine (ve çok da yararlı olmayan):

- Tatlı yiyecekler

Kalsiyum

- Süt, peynir, yoğurt
- Balık
- Brokoli, bahar sebzeleri, pırasa, lahana, havuç türleri, patates, böğürtlen ve portakal

Potasyum

- Patates ve tatlı patates
- Balık, sardalye
- Tavuk
- Karnabahar, mısır, avokado, pırasa
- Kahvaltı gevrekleri
- Doğal yoğurt
- Muz, keçikulağı

Demir

- Yumurta
- Yağsız et
- Tahıllı gevrekler
- Bezelye, fasulye, ıspanak, pırasa, brokoli, bahar sebzeleri, patates, avokado
- Kuruyemiş

Çinko ve bakır

- Ciğer, böbrek, tavuk
- İstiridye
- Soya unu, kakao,
- Pirinç, buğday
- Fasulye, yaban havucu, muz
- Armut

Güven Diyeti Eylem Planım

Aşağıdaki sorular üzerinde tek tek düşünün ve güven diyeti eylem planınızı tamamlayın.

1. Zaten yemekte olduğum yiyecekler ve sahip olduğum sağlıklı beslenme alışkanlıkları nelerdir?

   ....

   ....

   ....

   ....

2. Hangi yiyecekler ve sağlıklı beslenme alışkanlıkları üzerinde daha fazla çalışmalıyım?

   ....

   ....

....

....

3. Bu değişiklikleri gerçekten yaptığımdan nasıl emin olacağım? Karşıma neler çıkabilir?

....

....

....

....

4. Gelişimimi kontrol edeceğim tarih ne olmalı?

....

....

....

....

7
Ya Daha Fazla Yardıma İhtiyacım Olursa...

Bazı insanlar; yaşam koçluğu, danışmanlığı ve psikoterapinin ne olduğunu ve uygun yardımcıyı nasıl seçeceklerini bilemezler.

Yaşam/İş Koçluğu

Yaşam koçluğu İngiltere için nispeten yeni bir kavramdır ve bazı eğitim organizasyonları olsa da, insanlara bu alanda rehberlik edebilecek bir oluşum yoktur. Bu yüzden, bir yaşam koçu seçmeden önce, eğitimi ve tecrübesi hakkında bilgi edinmek daha da önemlidir. Her zaman için karşınızdaki insanın ne yaptığını bildiğine ve size yardım edebileceğine güven duymanız gerekir.

Bir yaşam ya da iş koçu, sizi cesaretlendirmek, zor zamanlarınızda size destek olmak, başarılarınıza, tasarılarınıza ve planlarınıza yardım etmek ve başarılı iş/yaşam stratejileri oluşturmanızı teşvik etmek için vardır. Temel olarak iki tür koçluk vardır:

- *İş/yönetici koçluğu,* işyerinizdeki performansınızı arttırmanız için size yardımcı olur. İş koçluğu, çalışanlarınızdan, iş arkadaşlarınızdan ve üstlerinizden en iyi şekilde nasıl verim alabileceğinizi bulmanıza yardım ederken; güçlü ve zayıf yanlarınızı, fırsat ve tehditlerinizi belirlemenizi de sağlayacaktır.
- *Yaşam koçluğu,* hayatınızda geliştirmek istediğiniz yanlarınıza daha bütünsel bir şekilde yaklaşmanıza odaklıdır. Örneğin; bir yaşam koçu, arkadaşlarınız ve ailenizle olan ilişkilerinizde daha kararlı olmanıza, aptal durumuna düşme ya da reddedilme korkusuyla kaçındığınız olayların ve insanların üstesinden gelmenize ve daha sağlıklı bir hayata başlayabilmeniz için, kendinize koyduğunuz engelleri kaldırmanıza yardımcı olabilir.

İş ve yaşam koçluğu, farklı faaliyetler gibi görünse de, çoğu kişiye göre birbirlerine bağlıdırlar. Bazen iş meselesi gibi görünen şeyler bile, diğer yaşam faktörleriyle bağlantılı olabilir.

Koçluk:

- Uygulamalıdır.
- Becerilere dayalıdır.

- Her bireyin kendi ihtiyaçlarına göre şekillendirilir.
- Yaşamınıza ve ihtiyaçlarınıza uyar.
- Sonuca odaklıdır.
- Genelde kısa vadelidir.
- Kişisel motivasyonun yerini alamaz; probleminizin, yaptığınız değişikliklerin ve seçtiğiniz çalışma miktarının sorumluluğunu üstlenmeniz gerekir!

Eğer koçunuz başka terapi türlerinde de eğitim almadıysa, daha köklü duygusal sorunlarınıza yardımcı olabilecek becerilere sahip değildir. İyi bir yaşam koçu, size verebileceğinden daha fazla yardıma ihtiyaç duyduğunuzu, nerede ve ne zaman söyleyeceğini iyi bilmelidir.

Danışmanlık ve Psikoterapi

İngiliz Danışmanlık ve Psikoterapi Derneği, danışmanlığı şöyle tanımlar:

Danışmanlığın bütün amacı, müşterinin daha tatminkar ve yararlı bulduğu bir şekilde yaşamaya çalışması için ona fırsat yaratmaktır. ...danışmanlık; gelişimsel sorunlarla ilgilenebilir, belirli sorunlara işaret edebilir ve bunları çözümleyebilir, karar vermeye yardımcı olabilir, krizlerle uğraşabilir, kişisel kavrayış ve bilgi oluşturabilir, iç çatışma duyguları ve başkalarıyla olan ilişkiler üzerinde çalışabilir. Danışmanın görevi, müşterisinin kendi kültürel bağlamı içerisindeki değerlerine, kişisel kaynaklarına ve seçim yapma kapasitesine saygı göstermek suretiyle müşterisinin işini kolaylaştırmaktır.

İngiliz Danışmanlık ve Psikoterapi Derneği'nin "Danışmanlar için Etik ve Uygulama Kanunu" ise şöyle der:

> Danışmanlık ve psikoterapi arasında genel olarak kabul edilmiş bir ayrım bulunmamaktadır. Terimleri birbirinin yerine kullanan köklü gelenekler olduğu gibi, ikisi arasında ayrıma gidenler de vardır.
>
> Danışmanlar ve psikoterapi pratisyenleri, tıbben ehliyetli olmadıkları takdirde, hiçbir tür ilaç yazamazlar. Bu tür pratisyenler çeşitli müşteriler ve müşteri sorunlarıyla ilgilenirler.

Birleşik Krallık Psikoterapi Kurulu (UKCP), psikoterapistler için İngiltere tabanlı bir sicil uygulaması sunmaktadır. UKCP birkaç teorik ekol takdim eder ve bu ekollerin her biri kendi alanında faaliyet göstermektedir. Bu alanda çalışanlar, bu teorik ekollerden birini temsil eden profesyonel bir oluşuma ya da bir uzman eğitim organizasyonuna bağlıdır. Her pratisyen, sicil kaydını yaptırabilmek için, temel bir eğitimden geçtiğini ve teorik bir ekolde yetkinliğe sahip olduğunu kanıtlamak zorundadır. Şu anda UKCP içinde beş dal bulunmaktadır. Bunlar; psikoanalitik, hümanistik ve bütünleşik, aile, konstrüktivist ve bilişsel-davranışsaldır.

Ayrıca İngiliz Danışmanlık ve Psikoterapi Derneği (BACP), danışmanların yetkinliğini ölçen bir sisteme sahiptir. Buna onay belgesi denilmektedir. Onay belgesi alabilmek için, danışmanlar en az 450 saatlik bir temel eğitimi tamamlamış, en az 450 saat müşterileriyle uygulamalı deneyim kazanmış ve diğer bir dizi profesyonel gerekliliği yerine getirebilecek düzeyde olmalıdır. Başvurular ancak bu koşullarla değerlendirilir ve eğer başvuru sahibi başarılı bulunursa, ancak bundan sonra isimlerinin başına BACP kayıtlı ya da Kayıtlı Kıdemli Pratisyen gibi unvanları alabilir. Onay almış danışmanlar, kişisel standartlarını geliştirme ve sürdürme taahhütlerini kanıtlamak için, yıllık en az 30 saat devamlı profesyonel gelişime katılırlar.

Ayrıca İngiltere'de danışmanlar için, İngiltere Danışmanlık Sicili denilen yeni bir sicil kaydı açılmıştır.

İngiliz Psikoloji Derneği'nin (BPS) imtiyaz beratı denilen kendine ait bir kabul formu bulunmaktadır. Ek olarak uzmanlık eğitimi almış olan bir psikolog, imtiyazlı danışman psikolog olmak için buraya başvurabilir.

Yine psikoterapist olmak için onay verme yetkisi olan İngiliz Davranışsal ve Bilişsel Psikoterapi Derneği (BABCP) gibi bir çok uzman profesyonel oluşum bulunmaktadır. Buraya üye olan kişilerin isimlerinin önünde

BABCP onaylı Bilişsel-Davranışsal Psikoterapist sözleri bulunur. Bu oluşumların çoğu yine UKCP'ye bağlıdır.

Onaylama, sicile kabul etme ve imtiyaz beratı verme gibi uygulamalar, yetersiz kişilerden yardım alma şansınızı en aza indirme amaçlıdır. Bununla birlikte terapistler de insandır ve her insan hata yapabilir.

Ayrıca danışmanlık ve psikoterapi, bazı insanların sorunlarına yardımcı olmak için her zaman uygun yöntemler olmayabilir. Örneğin, evsiz biri bir danışmanla destekleyici bir konuşma yapmayı faydalı bulabilir. Bununla birlikte, eğer başlıca sorunu parasızlık ve konaklama ise, kendisine pratik bir tavsiye ve destek verecek biriyle konuşması daha iyi olabilir.

Size Kalmış!

Bazı insanlar bir yaşam koçuna, danışmana ya da psikoterapiste, karşılarındaki kişinin her şeyi düzeltecek 'sihirli bir değneği' olduğuna inanarak giderler. Bazı kişiler verilen alıştırmalar ya da ödevler için sorumluluk almaları gerektiğini öğrendiklerinde şaşırırlar. Danışmanınızın ne kadar iyi eğitim aldığı, yetenekli ya da iyi olduğu önemli değildir, ne kadar çalışacağınız size kalmıştır.

Size Sunulan Yardımdan En İyi Şekilde Faydalanın

Seçtiğiniz pratisyenden, sizin için ne tür bir yardımda bulunmayı uygun gördüğünü açıklamasını isteyin. Eğer karşınızdakinden emin değilseniz ya da kendinizi rahatsız hissediyorsanız, sizinle çalışabilecek başka birini bulmayı deneyebilirsiniz.

İyi bir pratisyen şunları yapabilmelidir:

- Sorunlarınıza neyin sebep olduğunu, sizin anlayabileceğiniz şekilde açıklayabilmelidir.
- Ne kadar zamana ihtiyaç duyacağınız ve bu sürecin neler barındırdığı konusunda size bir fikir verebilmelidir. Çalışma tarzı, karşınızdakinin eğitimini yansıtır.

Aşağıdaki liste Londra Stres Yönetimi Merkezi'nde, Dr. Stephen Palmer ve Kasia Szymanska tarafından, kendinize bir psikoterapist ya da danışman ararken kullanmanız için hazırlanmıştır.

- Karşınızdaki danışmanın konuyla ilgili niteliklerini ve danışmanlık/psikoterapi alanındaki deneyimini kontrol edin.
- Danışmanın kullandığı yaklaşımı ve bunun sizin sorununuzla nasıl bir ilişkisi olduğunu sorun.

- Danışmana klinik danışmanlık denetiminde olup olmadığını sorun. (Çoğu profesyonel oluşum, denetimi zorunlu kılar.)
- Danışmana ya da danışmanlık ajansına, profesyonel bir oluşuma ve etik bir kanuna üye olup olmadığını sorun. Eğer mümkünse, bu üyelik belgesinin bir kopyasını alın.
- Hedeflerinizi ve beklentilerinizi tartışın.
- Danışmanlık ücretinin ne olacağını konuşun. Gelir düzeyiniz düşükse, ücret tarifesinde değişiklik yapmaya uygun olup olmadığını kontrol edin. Danışmanlık hizmeti alacağınız sürenin yaklaşık ne kadar sürebileceğini ve ne sıklıkla görüşeceğinizi tartışın.
- Danışmanınızla gelişiminizi değerlendirebileceğiniz düzenli görüşmeler ayarlayın.
- Eğer sizin için gerekli ve faydalı olacağına inanmıyorsanız, uzun vadeli bir danışmanlık anlaşmasını kabul etmeyin.

Eğer ilk görüşmede bu yukarıdaki noktaları tartışma fırsatı bulamadıysanız, mümkün olan ilk fırsatta bunu gerçekleştirmeye çalışın.

Yukarıdakilere ek olarak, Palmer ve Szymanska bazı başka konulara da değinirler:

- Danışmanın kendinden bahsetmesi bazen tedaviyle ilgili olarak yararlı olabilir. Eğer görüşmelerde, danışman uygun olandan daha uzun süreyle kendi sorunlarını gündeme getiriyorsa, bu durumu danışmanlık görüşmenizde belirtmeniz gerekir. Eğer herhangi bir zamanda dikkate alınmadığınızı, zarar gördüğünüzü ya da görüşmelerde kullanıldığınızı hissederseniz, bunu da danışmanınızla tartışın. Sorunları ortaya çıktıkları anda çözmek daha kolaydır.
- Danışmanınızdan değerli hediyeler kabul etmemelisiniz. Bu durum tedavi niteliğindeki şeyler için geçerli değildir. Her iki taraf da sosyal davetleri kabul etmemelidir. Örneğin; bir restoranda yemek yemek ya da bir şeyler içmeye çıkmak. Bu durum, danışmanınızın bir fobiyi yenmeniz için size eşlik ettiği durumlar gibi, tedavi amaçlı uygulamalar için geçerli değildir.
- Danışmanınız, geçerli bir sebep göstermeksizin görüşme mekanının değiştirilmesini öneriyorsa (örneğin; görüşme yerini bir merkezden, danışmanın evine almak gibi), değişiklik için gösterilen sebepten tamamen emin olmadığınız takdirde, bunu kabul etmeyin.
- Araştırmalar, müşterilerin danışmanlarıyla cinsel birlikteliğinin müşteri için yararlı olmadığını

göstermektedir. Profesyonel danışmanlık ve psikoterapi oluşumları; danışmanların ya da psikoterapistlerin mevcut hastalarıyla cinsel ilişkiye girmelerini ahlaki görmemektedir.

Eğer aldığınız danışmanlık hizmetiyle ilgili şüpheleriniz varsa, bunları danışmanınızla konuşun. Eğer yine de kararsızsanız ve tavsiyeye ihtiyaç duyuyorsanız; bir arkadaşınız, doktorunuz, danışmanınızın bağlı olduğu profesyonel oluşum ya da bir danışmanlık ajansı size bir danışman önerebilir. Terapistinizle uyum sağlayamadığınıza inanıyorsanız, terapistiniz karşısında rahat olsanız bile, iki ya da üç görüşmeden daha fazla devam etmemeniz yerinde olur. İstediğiniz anda danışmanlık hizmetine son verebileceğinizi unutmayın.

Son

Hayattan istediğinizden daha fazlasını alamamanız için bir neden yoktur. Kimse bunun her zaman kolay olacağını söyleyemez. Bununla birlikte, hiçbir şeyi tehlikeye atmazsanız, hiçbir şey kazanamazsınız. Çoğu kişi, hayatını tersine çevirmiştir ve kendisini tanınmayacak şekilde değiştirmiştir. İster küçük bir değişim isteyin, isterseniz büyük bir onarım hedefleyin, önemli olan sizsiniz. Bunu yapabilirsiniz; her gün küçük bir miktar yontarak, güvene ve daha iyi bir yaşama kavuşabilirsiniz.

Bu kitabın size yararı dokunup dokunmadığını ve öğrenmek isteyeceğiniz başka bilgiler olup olmadığını bilmek isterim. Web sitemi www.gladeana.com adresinden ziyaret edebilir ve bana e-posta yazabilirsiniz.

Hayatta kalmak yetmez ... sadece varolmak yetmez.

Star Trek

(Yıldız Savaşları)